30 Ans de gaming

Jonathan Zablot

30 ANS DE GAMING

ASTERION

ISBN : 978-2-9574435-1-2
Édition : autoédition Kindle Direct Publishing

Introduction

Je commence à peine à écrire ce nouveau livre et déjà, je suis confronté à un problème de taille.

Par où commencer ?

Tellement de choses à vous raconter, tellement d'anecdotes à vous partager. Il faut dire qu'en l'espace de trente ans, les événements peuvent fuser dans tous les sens.

Depuis ma tendre enfance, la passion du jeu vidéo ne m'a jamais quitté. Certes, je joue moins par rapport à l'époque pour diverses raisons, mais ce plaisir de découverte est toujours ancré dans mon esprit.

C'est merveilleux ça, le seul fait d'y repenser remplit mon cœur de joie et de nostalgie.

Tous ces anniversaires et ces Noëls à recevoir de nouveaux jeux vidéo.

Toutes ces annonces de futures consoles remplissant mes yeux de paillettes rêveuses.

Toutes ces améliorations technologiques au fil du temps.

Tous ces moments incroyables passés en compagnie de ma famille.

Mais surtout, tout ce partage de connaissances et de passion à travers mes réseaux sociaux.

Ah là là, c'est bien moi ça.

Je ne peux pas m'empêcher de vous raconter ma vie sur Internet. Il faut dire que le simple fait de vous en parler me donne le sourire, effet amplifié lorsque vous aussi vous souriez.

Mais alors, pourquoi écrire un livre sur un sujet pouvant être traité en vidéo ou en live ?

La réponse est simple : les écrits laissent une trace derrière eux.

« Les paroles s'envolent, mais les écrits restent. »

Malgré une quantité faramineuse de vidéos et de lives traitant de ce sujet, j'aurai toujours cette curieuse sensation de partager mes expériences de façon maladroite.

Autre difficulté pour vous, il est impossible de visionner tout ce que j'ai pu partager au fil des années.

Ce livre sera en outre un condensé de ma vie de joueur pour les personnes souhaitant me découvrir ou redécouvrir des éléments oubliés avec le temps.

Aussi étrange que cela puisse paraître, ce livre m'est également destiné.

Cocasse, n'est-il pas ?

Dites-vous que je n'ai jamais été doué dans les exercices de mémoire, sans compter ma difficulté pour me souvenir des visages.

Également, depuis peu de temps, un événement peut se volatiliser de ma mémoire et il est difficile de m'en rappeler.

Bien entendu, les moments marquants de la vie ne s'envolent pas comme ça tout de suite, mais avec l'âge, les souvenirs fondent comme neige au soleil.

C'est pourquoi il est préférable pour moi d'écrire et de vous partager mes souvenirs avant que ma mémoire se détériore au point d'oublier les souvenirs les plus marquants de ma vie.

Sans oublier qu'une vie peut s'arrêter du jour au lendemain.

Néanmoins, vous raconter l'intégralité de mes mémoires vidéoludiques en un livre s'avère complexe tellement j'ai de choses à vous dire.

Entre les jeux les plus marquants de ma vie, les accessoires les plus insolites, les musiques les plus somptueuses, les pires daubes de l'histoire, les plus grandes déceptions, l'évolution de certaines séries de jeux, et j'en passe et des meilleures ; il était difficile de faire un choix.

C'est pour cela que, dans ce livre, nous allons principalement nous focaliser sur les sorties des consoles.

Comment ai-je connu celles-ci ?
Est-ce que j'étais aussi impatient ?
Comment s'est passé le premier jour ?
Quel a été mon premier jeu ?
Quels ont été les moments les plus marquants ?
Quel est mon avis général sur chacune de ces consoles ?

Rassurez-vous, même si je ne vais pas tout vous dire durant votre lecture, je n'hésiterai pas à continuer à vous partager mes mémoires à travers de futurs livres dédiés à l'univers du jeu vidéo.

Puisqu'elle est là, la clé de la motivation : faire des activités qui donnent envie de se lever le matin.

Même si vous n'êtes pas pro dans un domaine, le simple fait d'essayer inondera votre âme de gaieté, une sensation traversant mon corps au moment où j'écris ces lignes.

Ha ha ! Ça changera de mon premier livre *Mon quotidien, le cyberharcèlement* où j'étais à deux doigts de péter un câble à chaque chapitre écrit tellement les souvenirs torturaient mon esprit.
Enfin bon, je ne suis pas là pour vous plomber le moral, une fois est assez.

Chères lectrices, chers lecteurs,
Chers abonnés, chers amis,
Je n'ai plus qu'à vous souhaiter : bonne lecture.

NES

Une pensée si lointaine, mais assez puissante pour m'en souvenir trente ans après. Il représente le début de la plus grande passion de ma vie.

Du haut de mes 5 ans, un jour si particulier allait arriver. Alors que j'accompagnais ma famille au Auchan de Saint-Priest, situé à deux pas de Lyon, mes parents décidèrent d'acheter notre première console de jeu vidéo, la NES ou Nintendo Entertainment System.

Sachant qu'à cette époque, le jeu vidéo ne représentait qu'un marché de niche en France et que le succès n'était pas aussi saisissant qu'aujourd'hui, pourquoi ce choix de la part de mes parents ?

Cela est dû au fait que papa et maman étaient toujours attirés par la technologie et tout ce qui touche à la télévision.

De plus, l'aîné de la famille, Michael, n'hésitait pas à pousser nos parents à acheter les nouvelles consoles, lui qui avait été bercé par les magazines de jeux vidéo, les pubs à la télé et le club Dorothée.

Quel a été mon comportement avec le débarquement de cette première console ?

C'était tout simplement un émerveillement de petit garçon, j'étais comme envoûté par cette machine rectangle gobant des cartouches grises.

Tenir entre mes mains un objet rectangle composé de boutons ronds, de petits rectangles et d'une croix attisait ma curiosité.

Voir un petit personnage moustachu se déplaçant et sautant à la force de mes doigts était comme de la magie.

Vous l'avez deviné, mon tout premier jeu vidéo était *Super Mario Bros.*, jeu qui deviendra le plus vendu de cette console avec plus de 50 millions d'unités écoulées à travers le monde.

Malheureusement, impossible de me rappeler si j'avais réussi à terminer le jeu auparavant.

On ne devient pas un expert sans expérience, sans compter que les jeux vidéo étaient très difficiles à l'époque. Il fallait bien que les développeurs gonflent artificiellement la durée de vie d'un jeu en augmentant sa difficulté, afin d'éviter que les joueurs terminent les jeux en moins d'une heure.

C'est drôle quand on remarque que les nouveaux joueurs se plaignent d'une durée de vie inférieure à dix heures alors que les jeux NES coûtaient plus cher en prenant en compte l'inflation.

Mais parmi ces centaines de titres pouvant être terminés en une heure ou deux, quelques exceptions sortaient du lot. Des jeux possédant un système de sauvegarde, une fonctionnalité extrêmement rare à l'époque.

Et parmi ces jeux se trouvait un chef-d'œuvre qui allait marquer à jamais mon esprit, c'était *Zelda*.

Une découverte que je dois à mon grand frère, un jeu féerique et fantastique, mais d'une complexité effroyable pour un jeu de l'époque.

Non pas parce qu'il demandait de l'adresse, mais de la réflexion et de la recherche.

« Où se trouve la suite ? C'est par ici ? »

« Tiens, c'est bizarre, ce nouveau donjon paraît extrêmement difficile ! »

Déjà qu'aujourd'hui, beaucoup de joueurs ronchonnent à l'idée de devoir terminer un jeu qui ne les tient pas par la main (coucou *Dark Souls*), alors imaginez-moi dans les années 90 avec ce premier *Zelda*, sans expérience vidéoludique, sans accès à une soluce et avec une âme de petit garçon suçant encore son pouce.

Enfin, si. À l'époque où Internet n'était pas disponible dans nos foyers, il existait un moyen pour les joueurs de ne plus se retrouver bloqué. C'était de téléphoner à un spécialiste à travers un numéro surtaxé.

Je ne vous cache pas que si j'osais utiliser ce service, cela se voyait directement sur la facture de téléphone et bonjour la fessée, puis au revoir les jeux vidéo pour une durée indéterminée.

Le risque n'en valait pas la peine et c'était mieux comme ça, car au moins, je ne suis pas devenu un joueur assisté.

Un autre jeu m'avait également bien marqué, c'était *Duck Hunt*, un jeu vidéo permettant de tirer sur des canards en utilisant le Zapper, un objet en forme de pistolet faisant un bruit très atypique.

C'était la première fois que j'utilisais un accessoire de jeu vidéo ne ressemblant pas à une manette et c'était une découverte très chouette.

Et que dire de *Tortues Ninja* ? Le jeu ayant traumatisé toute une génération de joueurs à cause de sa difficulté totalement abusée.

Au moins pour celui-ci, je sais pertinemment que je n'ai pas réussi à le terminer.

On se demande pourquoi d'ailleurs !

Ah oui ! Savez-vous quel est le meilleur jeu NES ?

C'est *Double Dragon 2*, un beat'em up de grande qualité possédant une magnifique bande-son, un chara-design attachant et un punch d'une incroyable puissance.

On tabasse tout ce qui arrive et on devient le nouveau Bruce Lee le temps d'une partie.

Finalement, malgré l'absence de mauvais moments passés sur cette console, mon expérience vidéoludique sur celle-ci reste assez mince.

Cela est dû à la découverte en fin de vie de la NES et surtout au débarquement de sa remplaçante, une machine plus puissante qui allait littéralement me mettre une claque inoubliable.

Super Nintendo

Ce jour-là allait être une véritable surprise. Après une journée passée à l'école, je me retrouvai devant une situation incroyable et improbable en même temps : mon grand frère et surtout mon père jouant ensemble à *Street Fighter 2* sur la Super Nintendo.

Ne lisant pas les magazines et ne m'intéressant pas aux publicités de l'époque, je n'avais que très peu d'infos sur l'existence de cette nouvelle machine.

D'ailleurs, je ne savais même pas que l'on pouvait grandement améliorer les graphismes d'un jeu vidéo. J'étais encore trop petit pour connaître et comprendre l'évolution technologique.

Ce qui ne m'a pas empêché d'être époustouflé par la présence de cette nouvelle console dans ma maison familiale.

Comprenez la satisfaction illuminant mes yeux, je vivais à ce moment-là trois événements marquants. En effet, je découvrais :

– la toute nouvelle console de salon de Nintendo ;
– un nouveau style de jeu ;
– des graphismes à tomber par terre.

Pour ces derniers, la différence entre la NES et la Super Nintendo était significative. Quand on a passé tellement de bons moments sur *Double Dragon 2* sur NES, voir pour la première fois *Street Fighter 2* était hallucinant.

De plus, la manette avait connu une amélioration conséquente.

On était passé de quatre à huit boutons, ce qui veut dire plus de choix d'actions et une meilleure diversité sur les combinaisons.

Néanmoins, impossible de me souvenir de cette importante différence, je ne sais même plus si j'avais réussi à m'adapter rapidement.

Et n'allez pas me demander pourquoi j'avais choisi E. Honda comme personnage préféré, je ne m'en souviens plus. Mais il existe une chose propre à ma personnalité, c'est que je suis fidèle sur le choix de mes personnages. C'est très rare que je les change au fil du temps.

Combien de fois ai-je affronté les membres de ma famille ? Tout ce que je voulais, c'était devenir le plus fort avec ce sumo. Pouvoir battre le Ryu de mon grand frère et le Blanka de mon frère jumeau.

Les jeux de combats étaient intenses dans l'âme du petit garçon innocent et non violent que j'étais.

Par la suite, je voulais découvrir d'autres jeux vidéo dans le même style et ressentir les mêmes sensations avec du sang neuf (sans mauvais jeu de mots).

Cependant, qui dit nouvelle console dit nouveaux événements.

Auparavant, avec la NES, je pouvais jouer à tout ce que je voulais, les jeux violents étaient très rares. Avec la Super Nintendo, j'ai été confronté à l'interdit. Au vu de mon âge, je ne pouvais pas jouer librement à toutes les nouveautés.

Et dans le lot se trouvait une nouvelle licence qui allait bouleverser ma génération par sa violence jamais atteinte à l'époque : *Mortal Kombat.*

Un jeu de combat sanglant faisant couler des litres d'hémoglobine à chaque patate de forain accompagné de vilains arrachages de membres et de têtes pendant les phases de *fatality.*

Mes parents ne voulaient pas que je joue à ce jeu. Normal, vu sa violence extrême !

Mais alors, comment ai-je fait pour le découvrir et devenir un bon Scorpion ? (Le personnage du jeu, pas l'insecte !)

C'est bien simple, avec mon frère jumeau, on y jouait en cachette... chez le voisin.

À cette époque, notre voisin possédait lui aussi la Super Nintendo avec quelques jeux, dont *Mortal Kombat 2.* Et c'est comme ça que mon frère et moi avons pu poncer ce jeu en tentant de découvrir les combinaisons des *fatalities.*

Je n'ai jamais su si mes parents avaient découvert le pot aux roses à cette période, mais je savourais chaque combat en pensant faire le dernier avec la peur de voir débarquer mon père ou ma mère chez le voisin.

Et dire que ce jeu très violent pour l'époque n'est devenu que du pipi de chat par rapport à *Mortal Kombat 11.*

D'ailleurs, ça me rappelle une autre interdiction. Comme pour beaucoup d'entre vous, quand j'étais enfant, j'étais un peu obligé d'attendre les anniversaires et les Noëls pour jouer à de nouveaux jeux vidéo. Ce média a toujours été onéreux.

Quelques jours avant l'anniversaire de je ne sais plus quelle année, mon grand frère vient me voir en me proposant de jouer à mon cadeau en avance.

C'était limite un cadeau d'anniversaire avant le cadeau d'anniversaire, mais je n'avais pas pu en profiter pleinement à cause de la peur (encore une fois) de me faire prendre par mes parents.

C'est bien moi ça, j'ai toujours voulu être droit dans mes bottes.

Finalement, j'ai pu recevoir ce cadeau que je connaissais en avance.

« Ouaaah, trop bien, je ne pensais pas recevoir ce cadeau, merci papa et maman ! » (Ha ha.)

Le titre du jeu vidéo était *Killer Instinct*, un jeu de combat qui allait devenir mon jeu préféré de la Super Nintendo.

Et d'ailleurs, la découverte du meilleur jeu de combat de la SNES a été pour le moins insolite. J'ai pu le découvrir grâce à une pub « cachée » présente à la fin de la VHS promotionnelle de *Donkey Kong Country*.

Cette console aura été une riche expérience remplie en émotions et en découvertes de nouvelles séries.

Avec celle-ci, j'avais complètement oublié l'existence de sa grande sœur : la NES. Il faut dire que la différence de qualité était poignante, sans compter le nombre de titres cultes sortis sur celle-ci.

Et ce n'était que le début de l'évolution, jamais je n'aurais cru à l'époque une amélioration croissante de la qualité des jeux vidéo.

Game Boy

Je ne sais pas pourquoi, mais impossible de me souvenir de comment s'est passé la découverte de la Game Boy, ni même du premier jeu auquel j'ai joué.

Pourtant, ça devrait être le cas puisqu'il s'agit de ma toute première console portable.

C'était une révolution ! Il était possible de jouer à *Super Mario Bros.* sur une petite machine partout où on le souhaitait sans avoir besoin de télévision ni d'une prise électrique.

Quatre piles AA et c'était dans la poche (dans les deux sens du terme).

Petit problème, avec une bécane à la forme d'un frigo dotée d'un écran non rétroéclairé à la qualité discutable, le plaisir ne devait pas être aussi frappant.

Eh bien, détrompez-vous ! L'amusement était présent ailleurs.

Vous n'imaginez pas le bonheur de pouvoir tranquillement jouer dans son coin sans utiliser la télé familiale. Dans les années 90, la télévision était un objet encore très onéreux, sans compter qu'elle pouvait être utilisée par les autres membres de la famille.

C'est surtout ça qui m'avait marqué avec la Game Boy : jouer partout où on veut, quand on veut.

Combien de temps ai-je passé sur le trône en essayant de battre mon record sur *Tetris* ?

Combien de fois ai-je joué en cachette confortablement installé dans mon lit ?

Combien de fois ai-je été malade dans la voiture à force d'avoir les yeux rivés sur le petit écran de la Game Boy ?

Difficile de répondre à toutes ces questions sachant que je ne me rappelle même plus comment j'ai obtenu cette console la première fois.

Juste avant d'écrire la suite de ce chapitre, je me suis renseigné directement à la source, c'est-à-dire auprès de ma famille proche.

Les parents n'ont plus aucun souvenir du débarquement de la Game Boy chez nous.

Le grand frère n'en a jamais eu, mais il se souvient d'avoir beaucoup joué à *Mystic Quest*.

La grande sœur n'était pas intéressée par cette console portable.

Le frère jumeau a exactement les mêmes souvenirs que moi. Super, me voilà bien avancé.

Le petit frère n'était pas encore né.

Vous imaginez que se rappeler un objet presque trente ans après est du domaine de l'impossible.

Pourtant, cela ne m'a pas empêché de mieux me souvenir de la NES et de la Super Nintendo lors des chapitres précédents.

Par conséquent, la Game Boy n'a pas été une console marquante à mes yeux.

Cependant, cela ne va pas m'empêcher de vous raconter deux belles anecdotes qui sont également les deux plus beaux souvenirs de mon frère jumeau.

Le premier souvenir concerne *Tetris*, jeu le plus vendu de la console. Tous les possesseurs de la Game Boy y ont joué au moins une fois dans leur vie.

Nous voulions tous établir le plus grand record de points et tenter de faire décoller la fusée.

Pour ma part, je recherchais un autre objectif : pouvoir affronter directement mon frère jumeau en jouant à deux en même temps.

Pour ce faire, il nous fallait :

– deux jeux Tetris ;

– deux Game Boy ;

– un câble Link.

Au vu du prix de la console, les parties à deux n'étaient pas pour tout de suite. En attendant, on se consolait sur la version Game Boy de *Killer Instinct* où il était possible de jouer à deux en passant par la *Super Game Boy* sur SNES.

Il s'agit d'un accessoire permettant aux joueurs de profiter de leurs jeux Game Boy sur grand écran. Il suffisait d'insérer son jeu dans l'accessoire qui devait être inséré dans la Super Nintendo. De quoi apporter quelques couleurs et de la luminosité.

Malheureusement, tous les jeux multi n'étaient pas compatibles avec cet accessoire, et *Tetris* en faisait partie.

Il aura fallu attendre plusieurs années avant de pouvoir profiter de cette expérience. Et quelle expérience !

On a passé des soirées à s'affronter sur *Tetris*, à savoir lequel d'entre nous deux était le plus fort sur le jeu.

Au final, c'était kif-kif. Quoique... J'ai un vague souvenir d'avoir été légèrement plus fort que mon frère.

Le deuxième souvenir implique *Pokémon*, la version rouge pour être plus précis.
La sortie française du premier opus allait être un véritable raz de marée. Tous les magazines en parlaient, c'était un véritable succès au Japon.
Je me souviens avoir été ultra hype quand j'ai découvert le concept et le visuel des premiers pokémons, sans compter le matraquage publicitaire à la télé.

Un beau jour, mes parents décidèrent de m'acheter *Pokémon version Rouge*, mais il fallait que j'attende la fin de la journée pour pouvoir en profiter. Je comptais toutes les minutes passées au collège tellement j'avais hâte. J'étais en 5e à ce moment-là. Cette journée était interminable, d'autant plus que mon frère jumeau avait eu sa *version Bleue* avant moi.
Finalement, ma patience allait être récompensée, et bon Dieu, c'était la première fois que je passais autant de bon temps sur un jeu Game Boy. Les jeux étaient pour la majorité des jeux de plateformes courts (coucou *Super Mario Land* et *Kirby's Dreamland*).
De plus, mon frère et moi avions le matériel nécessaire pour affronter nos équipes de pokémons.

Même si je n'ai pas passé autant de temps sur la Game Boy par rapport à la Super Nintendo et que ça a été par moments le parcours du combattant pour jouer correctement à ce frigo des enfers à l'écran illisible en faible luminosité, les bons moments ont été très présents.

MEGA DRIVE

Depuis le début du livre, je ne vous ai parlé que de consoles Nintendo. Or, à l'époque, il existait aussi les consoles de chez Sega.

C'était littéralement une guerre sans merci entre ces deux constructeurs. Chacun utilisait tous les stratagèmes possibles pour surpasser l'autre : puissance des machines, exclusivités, publicités, mascottes, etc.

La guerre entre Sony et Microsoft est bien trop gentillette par rapport à celle opposant Sega et Nintendo. C'est comme si on comparait un banal combat de boxe et le combat légendaire de George Foreman et Muhammad Ali.

Dans le foyer familial, nous n'avions que les consoles Nintendo citées précédemment dans cet ouvrage. Il était hors de question pour nos parents d'acheter plusieurs consoles différentes, faute de moyens. Avec mes frères, il fallait que l'on fasse des choix.

Ce qui ne nous a pas empêchés de découvrir la très célèbre concurrente de la Super Nintendo : la Mega Drive.

Et c'était notre tante qui possédait ce fameux bijou.

Un jour, en compagnie de ma famille, alors que nous étions en train de rendre visite à notre tante, je fis la découverte d'une console toute noire que je n'avais jamais vue de ma vie. Elle possédait une manette différente de ce que j'avais connu et surtout des jeux qui n'étaient pas disponibles sur la Super Nintendo.

Ayant grandi avec l'univers Mario Bros., c'était avec étonnement que je découvris la célèbre mascotte de Sega : Sonic le hérisson.

Son design m'avait tapé à l'œil, il était charismatique. Peut-être que cela est dû à mon intérêt envers les Looney Tunes, dessin animé culte regroupant entre autres Bugs Bunny, Daffy Duck et Marvin le Martien.

De plus, ma surprise fut grande lorsque je me rendis compte que le jeu allait très vite.

Ayant eu l'habitude de prendre mon temps dans les jeux Mario, j'étais passé à la vitesse supérieure avec Sonic.

Et pour couronner le tout, c'était la première fois que des musiques de jeux vidéo me procuraient autant de frissons.

Même si un jeu vidéo est mauvais sur certains points, le fait qu'il possède des musiques marquantes vous donnera envie de retourner dessus et de le terminer une énième fois.

Mais ce n'était pas le cas pour Sonic, car en plus de posséder une OST de qualité, il était intense, fun, facile à comprendre et facile à prendre en main, en plus d'être difficile.

Je ne suis pas étonné que Sonic ait autant marqué les esprits, il apportait une expérience vidéoludique que l'on ne retrouvait pas dans un jeu Mario.

Cette exclusivité Mega Drive était un véritable atout pour Sega, et il n'y avait pas que celle-ci.

Une multitude de jeux issus des licences Walt Disney avaient débarqué sur cette machine.
Une nouvelle fois chez ma tante, j'avais découvert le cultissime *Castle of Illusion starring Mickey Mouse*, un jeu de plateformes tout coloré et tout mignon.
C'était la première fois de ma vie que je jouais à un jeu vidéo estampillé Walt Disney. Il était logique que cela me marque sachant que j'avais grandi avec les dessins animés Walt Disney, comme beaucoup d'autres enfants.

En revanche, à défaut de ne pas retrouver la rapidité des jeux Sonic, les jeux Walt Disney étaient tout aussi difficiles.
Un autre point commun est à préciser : la qualité des musiques. Le simple fait d'écouter la musique des boss me donnait envie d'y rejouer continuellement.

Et que dire des autres jeux vidéo Walt Disney ?
Fantasia et son univers fantastique à tomber par terre.
Aladdin et son ambiance ultra fidèle au film.
Mickey Mania et ses graphismes époustouflants.

Que d'excellents jeux à tomber par terre, et pourtant, aucun parmi ceux cités précédemment n'est mon jeu Mega Drive préféré.
Je ne me rappelle plus où j'avais découvert ce dernier pour la première fois, j'hésite entre chez ma tante ou chez le voisin (pas le même qui possédait *Mortal Kombat*).

Ayant été marqué par le *Double Dragon 2* de la NES, il était normal que je tombe amoureux d'un autre beat'em up. Et ce jeu se nomme *Streets Of Rage*.

Le simple fait de pouvoir castagner des hordes d'ennemis en tout genre sous une bande-son proche de la perfection me donnera des frissons intenses.
Une sensation décuplée pendant les combats de boss ultra énervés mesurant trois mètres de haut.
Jamais une exclusivité Sega ne m'avait procuré autant de sensations fortes.

On peut croire qu'au vu de mes dires, la Mega Drive m'a plus marqué que la Super Nintendo, mais ce serait mentir sachant qu'il s'agit d'une console que je ne possédais pas à la maison. Profiter de cette console ne pouvait se faire que chez la tante ou chez le voisin.
Par conséquent, avec l'impatience croissante, on profitait à 100 % des rares moments en compagnie de cette console.

La Sega Mega Drive est la console m'ayant ouvert les portes à l'appréciation des OST, un grand merci à Sonic et à *Streets Of Rage* pour ça.

Ce qui est dommage dans tout ça, c'est que je suis passé à côté d'une mine d'or de titres cultes. On ne pouvait pas tout découvrir, faute de temps, mais surtout faute d'argent.

Heureusement que, pour nous tous, le temps peut se rattraper. C'est ce que j'ai fait plus tard lorsque j'ai eu un peu plus de sous.
Je m'étais lancé comme objectif de trouver les consoles et les jeux que j'aurais voulu avoir étant plus jeune tout en retrouvant les consoles et les jeux de mon enfance.
Et c'est d'ailleurs comme ça que je suis devenu collectionneur de jeux vidéo.

PC

Depuis des années, j'utilise mon PC pour me balader sur Internet ou pour monter mes vidéos. C'est extrêmement rare que je m'en serve pour jouer aux jeux directement dessus.
Or, dans les années 90, je l'utilisais à fond les ballons pour pouvoir jouer à des jeux qui ne sont pas sortis sur console.

À cette époque, il était très rare de voir des jeux de rôle, stratégie et gestion sortir sur console. Et la maniabilité avec la manette laissait à désirer. Il fallait passer par le PC pour profiter pleinement de ces styles de jeux vidéo.

Après de multiples négociations, le grand frère a réussi à convaincre nos parents d'acheter un PC. Je ne sais pas comment il a réussi son coup sachant que par rapport aux consoles de jeux vidéo, ce n'était pas donné niveau tarif.
Encore une fois, je pense que c'est grâce à leur intérêt pour les nouvelles technologies que les parents ont cédé aux demandes du grand frère.

Mais avant de découvrir la future grosse bête, le grand frère avait acheté en amont notre tout premier jeu PC.
C'était tellement improbable que ça avait marqué mon esprit. Pourquoi acheter un jeu vidéo avant de posséder la machine ? Ah là là ! Je n'étais pas futé à ce moment-là.

Nous étions au centre commercial Auchan de Saint-Priest et le grand frère nous avait montré une magnifique boite plus épaisse et plus lourde que celles des jeux que nous avons connus.

.

Représenté par un bouclier médiéval orné d'un lion doré, je vous présente l'un des jeux les plus marquants de ma vie : *Heroes of Might and Magic 2*.

Ayant toujours été intrigué par les univers médiévaux fantastiques, j'ai tout de suite été charmé par son style et son design, ce qui m'a grandement aidé pour comprendre les mécaniques du jeu.

On n'était pas dans un banal jeu de plateformes, c'était un jeu de stratégie au tour par tour, une totale découverte pour moi.

Autre anecdote concernant ce jeu, il y avait plusieurs factions disponibles. Mes frères et moi en avions choisi des différentes :

– Michael avait pris les chevaliers ;

– Johan avait pris les nécromanciens (squelettes, zombies…) ;

– J'avais pris les mages.

Ce choix personnel était peut-être dû à la présence des dragons, les créatures les plus emblématiques et les plus puissantes du jeu. Après tout, quand on est un petit garçon, on est souvent attiré par ces monstres volants crachant du feu à tout bout de champ.

Mais ce choix a été sans le vouloir le point de départ d'une autre passion : les minotaures, puisque ces créatures étaient uniquement disponibles dans cette faction.

Si vous me connaissez bien, vous devez certainement connaître mon amour un peu trop forcé envers les minotaures.

Nous étions tellement comme des fous sur ce jeu PC que nous étions loin de ressentir le nirvana de bonheur qu'allait nous procurer la suite, considérée comme l'opus le plus abouti de la série.

Nous avons découvert *Heroes of Might and Magic 3* chez notre cousin Nicolas. J'avais tout de suite remarqué l'énorme évolution qu'avaient pu apporter les développeurs du jeu : plus de créatures, plus de factions, une meilleure bande-son, de meilleurs graphismes.

Cependant, un énorme problème était présent. Je ne pouvais jouer à ce magnifique jeu que chez mon cousin.

Pourquoi ?

Car notre premier PC n'était pas assez puissant pour faire tourner le jeu.

Déjà que celui-ci avait coûté la peau des fesses à nos parents, le prochain n'était pas prévu pour tout de suite.

C'est pour cela qu'à chaque fois que l'on partait en vacances à Marseille, c'était une triple joie : revoir la famille , la journée à s'amuser à la plage, le soir à jouer à Heroes 3.

Chaque minute passée sur ce jeu était intensément dégustée tellement ces moments étaient rares. Tiens, ça me rappelle un jeu violent.

Fort heureusement, après des années à avoir saigné continuellement le premier PC (il était tellement à bout qu'on n'arrivait même plus à jouer à *Heroes 2*), nos parents ont enfin décidé d'en acheter un nouveau, bien plus puissant que le premier.

Cet achat a également été fait à l'occasion du débarquement d'Internet dans notre foyer. Mais cette histoire, peut-être que je vous la raconterai à travers un prochain livre.

Je peux vous garantir qu'en ayant eu enfin la possibilité de jouer à Heroes 3 chez moi, le jeu a été retourné dans tous les sens.

Ce jeu a tellement marqué ma jeunesse que j'ai également poncé sa version HD sur iPad, sortie seize ans plus tard.

J'avoue que ce chapitre était principalement axé sur une seule série de jeux, mais il n'y a pas que celui-ci qui m'a marqué.

Je me souviens avoir passé de supers moments sur *Warcraft 2*, mais il était tellement dur ! (Je découvrais à peine les jeux de stratégie en temps réel.)

Que dire du premier *Diablo* ? Magnifique ambiance *heroic fantasy* où les parties ne se ressemblaient pas avec ce côté aléatoire sur la création des maps et sur la récupération du loot.

Mais aussi *Civilization 2*, le jeu qui m'a fait découvrir les jeux de gestion. Bon, je triche un petit peu pour ce dernier, car je l'avais découvert avec sa version PS1. Mais cette version était tellement à la ramasse que je n'y ai pas autant joué que sur le PC.

PlayStation

Voilà une console qui a marqué toute une génération de joueurs. Une nouvelle compagnie du nom de Sony souhaitait récupérer sa part du gâteau dans ce champ de bataille avec sa PlayStation.

Ai-je été attiré par celle-ci au début ?

Pas vraiment. Ayant grandi avec les consoles de Nintendo et n'aimant pas le changement, la PS1 ne me faisait guère de l'œil au début.

En revanche, je me souviens avoir joué à cette console chez la même tante qui m'avait fait découvrir la Mega Drive.

L'une de mes premières découvertes s'appelait *Pandemonium 2*, un jeu de plateformes se jouant en 2D dans un décor en 3D. Bizarre dit comme ça, mais c'était une petite révolution à l'époque. Le jeu paraissait profond en plus d'être nerveux et rapide.

Une autre découverte était *ESPN Extreme Games*, un jeu de course mélangeant plusieurs sports extrêmes : le roller, le skate, le vélo et la luge sur route. Je trouvais celui-ci poignant et drôle grâce à sa possibilité de fracasser ses adversaires à coups de tatanes. D'ailleurs, je crois que c'est ce jeu qui a été le début de mon intérêt pour les jeux *Tony Hawk*.

Seulement voilà, impossible de savoir si j'avais découvert ces jeux avant d'avoir acheté ma première PlayStation, mais mon petit doigt me dit que ça devait être le cas. Étant donné qu'au début, je n'étais pas intéressé par cette console, il a bien fallu un point de départ pour dépenser le peu d'argent que j'avais. Ou peut-être était-ce dû au matraquage publicitaire ? Sony est un spécialiste dans le domaine.

Avec notre première PS1, mon frère jumeau et moi avions acheté *MediEvil*, un jeu d'aventure à l'univers *heroic fantasy*. (Quelle surprise !)

La première chose qui m'a marqué avec ce jeu était la présence d'un doublage français. Il était rare d'entendre des voix dans les jeux vidéo des années 90, et encore plus lorsque c'était des voix françaises.

Cela m'avait permis de mieux apprécier ce titre si mythique à mes yeux. Je me souviendrai tout le temps de la première phrase de la statue de démon :

« Sir Daniel Fortesque est ressuscité. »

C'est fou ça, le fait d'écrire ces mots me donne envie de rallumer ma console pour rejouer à cet excellent titre (mais on se contentera du remake PS4).

Autre récit impactant, la découverte des démos de jeux vidéo. Pour pouvoir tester un jeu PS1 avant de l'acheter, il n'y avait pas beaucoup de possibilités. C'était soit le tester chez un ami ou un membre de sa famille, soit dans un magasin via une borne de démonstration. Sinon, on ne pouvait que se fier aux images des magazines et vidéos des pubs à la télé.

Avec la PlayStation, il était possible de tester des jeux à travers des CD de démos fournis dans certains magazines. Le plus souvent, ces démos ne contenaient que le premier niveau d'un jeu, mais c'était largement suffisant pour se donner une idée du gameplay.

Grâce à ça, j'avais pu découvrir des titres cultes comme :
– *Crash Bandicoot 2* avec le niveau de l'ourson polaire ;
– *Kula World*, jeu de réflexion qui vous fera perdre la boule ;
– *Tombi!*, jeu de plateformes que je n'ai toujours pas fait ;
– *Tekken 3*, dont la démo ne possédait que deux personnages jouables.

Parmi toutes ces brèves découvertes, une a été plus marquante que les autres, il s'agit d'une démo de *Resident Evil 2*.

Sa particularité était son concept. Un chrono de dix minutes était placé sur le dessus de l'écran. Par conséquent, le joueur avait seulement ce temps limité pour découvrir le maximum de contenu.

Avec mes frères, on n'arrêtait pas de recommencer pour essayer d'aller le plus loin possible et découvrir de nouvelles choses. On en voulait toujours plus tellement on appréciait ce nouveau jeu. Mais arrivé à un moment, ce n'était plus possible, on avait limite speedrunné la démo.

Puis vint le jour où je possédai enfin le jeu dans sa version finale. Enfin, je n'avais plus besoin de me magner le derrière pour découvrir tous les secrets de ce jeu, qui allait logiquement devenir mon préféré de cette console.

Tout était presque parfait dans celui-ci. Les graphismes étaient propres avec l'utilisation de caméras fixes et de décors réalistes. Le concept qui poussait les joueurs à farfouiller les moindres recoins pour dénicher des munitions et des plantes. Et que dire de la bande-son ?

Mamma mia, une véritable prouesse artistique ! (Surtout la musique du laboratoire clandestin.) Sans oublier les énigmes forçant les joueurs à utiliser leur matière grise pour avancer.

Qui dit jeu préféré dit style apprécié, celui des survival horror. Il n'y avait pas que les jeux *Resident Evil* qui appartenaient à ce style sur PS1.
Son principal concurrent était *Silent Hill* qui se démarquait avec son ambiance horrifique psychologique. Une expérience m'ayant glacé le sang avec ses bruitages stridents et ses énigmes tordues (maudit piano).
À se demander ce que les créateurs ont pu faire comme cauchemars ou consommer comme substances pour pondre un tel chef-d'œuvre.

Moins connu, mais tout aussi fabuleux, voici *Parasite Eve 2*.
Il se démarquait des autres avec son mélange survival horror et RPG, un cocktail efficace qui a permis à ce jeu de se hisser dans le top 10 de mes titres PS1 préférés.
Il y avait aussi *Dino Crisis*, dont les ennemis n'étaient pas des zombies ou des monstres ressemblant à des abominations démoniaques mais des dinosaures. Les énigmes étaient plus recherchées, je me souviens avoir passé beaucoup de temps sur certaines d'entre elles.
« Bordel ! C'est quoi le code de cette fichue porte !? »

Autre style, autre jeu, cette console a pu accueillir le septième opus d'une licence phare des RPG : *Final Fantasy*. Et c'était le premier à débarquer chez nous (si on enlève le *Mystic Quest Legend*). Beaucoup le considèrent comme le messie du genre, mais personnellement, il ne m'a pas tant marqué. Sympa, sans plus.

Mais pourquoi je vous en parle alors ? Car il existe un *Final Fantasy* bien plus stratégique que le 7 : le *Final Fantasy Tactics*. Et curieusement, celui-ci n'est pas sorti chez nous.

J'avais pu le découvrir grâce au piratage de la PS1, une technique permettant à la console de lire les CD gravés.

Suite à ça, on s'était retrouvés avec plein de jeux gravés et parmi eux se trouvait ce fameux *FF Tactics*. Je sais, c'était totalement illégal, mais il était impossible d'importer des jeux non sortis en France, Internet n'étant pas encore présent dans les foyers.

La prise en main n'a pas été facile, un RPG tactique totalement en anglais, c'était quelque chose.

Fort heureusement, grâce à mon expérience sur *Vandal Hearts*, un jeu du même style, j'ai pu assimiler les mécaniques de ce titre. Ce fut une expérience enrichissante prouvant que la barrière de la langue n'est qu'un simple obstacle.

Seulement voilà, je ne pouvais pas passer autant de temps que je le souhaitais sur cette console puisqu'elle était dans la chambre du grand frère.

Il fallait que j'attende qu'il ne soit pas là pour pouvoir en profiter. J'ai eu de la chance de ce côté, puisqu'il était souvent en vadrouille, tout le contraire de moi.

Pourtant, c'était avec nos sous que mon frère jumeau et moi avions acheté cette console. Sauf que l'on ne parle pas de la même PS1, celle dans la chambre du grand frère lui appartenait.

Qu'en était-il de la nôtre ?

Lorsque nous avions su que Michael allait posséder sa propre PS1, nous n'avions pas d'intérêt à posséder deux fois la même console dans le giron familial. C'est pour cela que nous avons revendu la nôtre pour pouvoir nous acheter sa concurrente : la Nintendo 64.

NINTENDO 64

La première fois que j'ai découvert cette console de Nintendo, c'était chez l'ami de mon frère jumeau. Il en avait de la chance le petit Pascal puisque le jeu vidéo appartenait encore à un marché de niche. Contrairement à aujourd'hui, tous les enfants ne possédaient pas une console.

Et c'est là que surgit l'un de mes plus gros chocs émotionnels dans le domaine du jeu vidéo : la découverte de *Mario Kart 64*.

Ayant passé beaucoup de temps sur la version Super Nintendo, ce nouvel opus allait littéralement balayer ce dernier sur tous les domaines.

Déjà, voir les menus du jeu avec cette OST si grandiose accompagnée de la voix de Mario, c'était tout simplement magique. Une sensation décuplée à la vue de la sélection des personnages qui paraissaient si vivants.

Quant au gameplay ? Oooh, mon Dieu, quelle évolution technologique ! La 3D faisait son entrée dans cette série culte, en plus d'un doublage qui rendait les courses plus sensationnelles.

Et pour couronner le tout, on pouvait jouer jusqu'à quatre en même temps, c'était devenu plus fun de s'affronter dans le mini jeu des ballons.

Ce jeu était tout simplement une claque monumentale.

Ce même jour a été marqué de la découverte d'un titre qui allait à tout jamais révolutionner le jeu vidéo : *Super Mario 64*.

Tout comme *Mario Kart*, cette série de jeu de plateformes a accueilli la 3D, ce qui changeait complètement l'expérience de jeu.

On pouvait aller partout où on le souhaitait, on se sentait plus libre dans ses mouvements, ce qui incluait un réapprentissage des contrôles. Passer d'une simple croix directionnelle à un joystick – qui de plus était dégueulasse sur cette console –, c'était quelque chose.

Plusieurs mois passèrent après cette formidable première expérience. Jusqu'au jour où la Nintendo 64 prit sa place dans ma chambre suite à la revente de ma première PS1. C'était en décembre 1998 avec le pack Super Mario 64.

Tout en m'habituant un peu plus à cette manette désastreuse et en tentant de réussir les niveaux les plus difficiles de *Super Mario 64*, une autre bombe atomique allait trouver place sous le sapin en guise de cadeau de Noël 1998 : *The Legend of Zelda: Ocarina of Time*.

Tout comme les autres séries de Nintendo (hormis *Starwing* qui l'était déjà), ce nouveau Zelda était intégralement en 3D, ce qui donna du relief à l'univers pour ainsi nous transporter plus facilement dans un monde de rêves... et de cauchemars.

La différence avec les opus Super Nintendo et Game Boy était tellement frappante.

Encore aujourd'hui, je considère *Ocarina of Time* comme le meilleur Zelda de tous les temps grâce en grande partie à la qualité des musiques, mais aussi aux architectures des donjons, propres aux différents univers du jeu.

Je n'en reviens toujours pas que ce titre soit sorti en 1998.

Par la suite, l'argent récolté durant ce Noël nous a permis à mon frère et moi de nous payer *Mario Kart 64* ainsi qu'une manette supplémentaire.

À ce moment-là, je ne possédais que trois jeux, mais cela me suffisait amplement pour passer d'innombrables heures de bonheur.

Après une expérience à moitié amère sur *Glover* et la découverte de la bonne surprise qu'était *Quake*, mon frère et moi allions découvrir un nouveau jeu Mario, qui de plus était un jeu multijoueur : *Mario Party*.

On voulait tout le temps jouer ensemble, rigoler et rager en duo, et ce *Mario Party* tombait bien puisqu'il s'agissait d'un jeu de l'oie au facteur chance assez énervant.

Comme d'habitude, je prenais Luigi, il prenait Yoshi.

On ne compte même plus le nombre de parties faites, c'était devenu notre « jeu de société » préféré.

Les victoires allaient des deux côtés, impossible de dire qui était le plus fort d'entre nous deux.

Et pourtant, une autre licence Nintendo multijoueur allait nous faire oublier pendant un moment nos parties endiablées sur *Mario Party*.

Noël 1999 approchait à grands pas et les marques commençaient à mettre les billets pour la promotion des futurs blockbusters de cette fin d'année.

Parmi eux se trouvait un jeu dont la campagne marketing était pour le moins surprenante.

Alors âgé de 13 ans, devant une télé cathodique de l'époque, je fis la découverte d'une pub Nintendo mettant en scène Mario, Yoshi, Donkey Kong et Pikachu. Ils se tiennent la main. C'est mignon, tout le monde est gentil, et c'est alors alors que... *BAM !* Un croche-pied de la part de Mario au pauvre Yoshi.

J'assistais à un spectacle que jamais je ne pensais voir un jour : des personnages de Nintendo se frappant mutuellement à coup de poings et de savates.

Cette pub était la vidéo promotionnelle de la nouvelle licence de Nintendo : *Super Smash Bros.*

Comprenez ma joie de l'époque, pouvoir contrôler les héros de mon enfance dans un jeu de combat où tous les coups étaient permis, c'était dantesque. Les seuls moments où je pouvais me défouler de cette façon, c'était sur *Street Fighter* ou *Mortal Kombat.*

Ce jeu tombait fort bien, je ne possédais toujours pas de jeu de combat sur Nintendo 64 à ce moment-là. Évidemment, Nintendo oblige, le jeu ne pouvait pas être aussi violent, mais qu'importe, l'esprit combatif y était.

Petit problème, mon héros préféré n'était pas disponible de suite, Luigi faisait partie des personnages cachés à débloquer. C'est alors que mon premier choix s'était porté sur Kirby, car je me souvenais avoir passé de bons moments sur le jeu Game Boy. Ce qui m'a grandement influencé dans le choix de mon premier pseudonyme sur Internet (Kirby-54).

La suite de l'histoire est simple : c'était ponçage du jeu tous les jours avec mon frère jumeau.

C'est d'ailleurs grâce à ce jeu et avec son troisième personnage caché, Captain Falcon, que j'ai pu découvrir une autre licence Nintendo jusque-là méconnue à mes yeux, existant depuis la Super Nintendo.

Si je vous dis « jeu de course », vous allez me répondre « *Mario Kart* ».

Si je vous dis « jeu de course futuriste », vous allez peut-être me répondre « *Wipeout* ».

Mais si je vous dis « jeu de course futuriste Nintendo », vous allez me répondre « *F-Zero* » ! (Enfin, je crois.)

Pendant une escapade en Lorraine, j'avais visité une boutique indépendante vendant plein de jeux vidéo. Et pour un prix très abordable, j'avais pu acheter *F-Zero X*, la version N64 de la série.

Tout de suite, j'ai été charmé par sa vitesse et sa bande-son entraînante, un véritable combo gagnant. Vitesse et musique rythmique, hé, c'était pareil avec Sonic sur Mega Drive.

Ça changeait de la conduite playskool de *Mario Kart* où l'on avait l'impression d'avoir une crotte collée au karting.

Attention tout de même, c'est un petit peu le piège avec les jeux de courses futuristes, ça peut aller tellement vite qu'il en devient difficile de reprendre du plaisir avec les jeux de courses classiques grand public.

Qu'importe ! Quand on joue à un jeu de course, on veut en avoir plein la vue. Au diable les bolides à une vitesse !

Comme vous avez pu le constater, l'élément m'ayant le plus marqué de la Nintendo 64 était le passage à la 3D. Toutes les licences sorties sur les précédentes consoles obtenaient un vent de fraîcheur avec leurs opus 64. D'autant que c'était plus flagrant si la licence n'était disponible que sur Game Boy. C'était le cas de Pokémon.

Ayant labouré ce dernier dans tous les sens, j'imaginais à quoi ressembleraient les pokémons s'ils étaient modélisés en 3D.

Mais je ne pensais pas que ce jour arriverait si vite avec *Pokémon Stadium*.

Au revoir les combats sans animations aux graphismes dépassés, place à des affrontements épiques à coups d'Ultralaser et de Danse Flammes. Et on pouvait même entendre un commentateur pendant les duels, avec le même doubleur que Jean-Baptiste Le Pied, le serpent commentateur de football dans le dessin animé *Zoo Cup* (mon frère et moi en étions fans).

Cerise sur le gâteau, grâce au Transfer Pak, un accessoire se branchant à l'arrière de la manette, il était possible de transférer nos pokémons de la version Game Boy sur *Pokémon Stadium*. Chose indispensable pour remporter les coupes du jeu au vu des attaques moisies des pokémons disponibles dans la banque de données du jeu.

En plus des mastodontes de Nintendo, cette Nintendo 64 a également accueilli d'excellents titres de chez Rare comme *Diddy Kong Racing*, *Banjo-Kazooie* et *GoldenEye 007*.

Seulement voilà, l'un des reproches que je peux faire à cette console est le manque de bons titres, car si on enlève les jeux made in Nintendo et Rare, il ne reste plus grand-chose à se mettre sous la dent. Contrairement à la PS1 qui avait accueilli un nombre beaucoup plus conséquent de jeux de qualité.

Au fait, où est passé Sega ?

Saturn

Avec l'euphorie de la PS1 et la N64, j'avais complètement zappé l'existence de la troisième principale console de cette génération, la Sega Saturn.

Pourtant, j'avais passé de supers moments sur la Mega Drive, une attirance aurait dû se faire naturellement et curieusement, ça ne s'est pas fait.

Mon esprit était tellement envoûté par les consoles de Nintendo et Sony. Je ne pensais qu'à ça, je ne jouais qu'à ça. J'ai aussi comme l'impression de ne pas avoir vu de pubs faisant la promotion de la console Saturn ou de ses jeux. Ou peut-être que je m'en fichais de cette console. Ce qui ne m'a pas empêché de découvrir celle-ci un jour de je ne sais plus quelle année.

Pendant un regroupement familial, mon cousin Nicolas avait apporté sa Sega Saturn. Ma curiosité de passionné ardu gigotait dans tous les sens. Mais elle était vite partie ; cette console ne me faisait pas rêver ni par son design ni par les jeux qui l'accompagnaient.

Évidemment, dire qu'il s'agissait d'une mauvaise machine serait mentir, elle possédait des exclusivités très intéressantes comme *Panzer Dragoon* ou *Virtua Fighter*, mais elle était à des années-lumière de la qualité des exclus Nintendo et de la quantité des jeux PS1.

Les pro-Sega, ne me tapez pas, ceci n'est que mon avis personnel.

Pour vous montrer le côté non marquant de la Saturn, très peu de souvenirs d'enfance sont stockés dans ma mémoire. Mais je vais tout de même vous en raconter deux.

L'un d'entre eux concerne *Fighting Vipers*, un jeu de combat classique, on s'en serait douté au vu de son nom.

Il possédait ce côté punchy intéressant, très arcade, dans la lignée des jeux made in Sega. C'est d'ailleurs pour ça que l'on prend vite goût à ces derniers, grâce notamment au savoir-faire de la compagnie devenue maître dans le domaine des bornes d'arcade.

Le deuxième est bien plus récent puisqu'il s'agit d'une découverte de convention geek.

Comme dans chaque convention qui se respecte, il y a toujours un stand retrogaming avec des consoles de l'ancien temps mises à disposition. Et je voyais souvent passer un *Bomberman* jouable à dix, un ovni parmi les jeux multijoueurs puisque d'habitude, les jeux multi hors-ligne se jouent jusqu'à quatre sur le même écran, sauf rares exceptions.

Ce n'est qu'après plusieurs conventions que j'ai commencé à m'intéresser à ce fameux *Bomberman* et ma surprise a été de taille quand je me suis rendu compte qu'il s'agissait de la version Saturn de la licence.

Ce mode dix joueurs était rendu possible grâce à deux multitaps branchés sur les ports manettes de la console pouvant accueillir jusqu'à six manettes chacun.

Je considère *Saturn Bomberman* comme une préquelle des jeux dit « battle royale » que l'on connaît aujourd'hui comme *Fortnite* ou *Fall Guys.*

Et pour les souvenirs, bah... c'est tout !

Encore aujourd'hui, cette console ne m'attire pas des masses. Peut-être que cela est dû à l'absence de jeux Sonic de qualité. Ou peut-être qu'il manquait cette aura si particulière trouvable chez les consoles concurrentes de cette génération. Elle était certainement présente chez certains joueurs, mais elle n'y était pas de mon côté.
Et qu'en est-il des autres exclusivités de la machine ?
Panzer Dragoon ? Je ne sais même pas à quoi ressemble le gameplay. (Ne me frappez pas !)
Dragon Force ? Très peu pour moi ce style de jeu.
The House of the Dead? Huummm, pourquoi pas celui-là, j'avais découvert cette série avec le 2.

De plus, peu d'intérêt pour moi de tester des jeux que j'ai pu découvrir sur la PS1. Peut-être pour constater la différence de qualité entre l'opus PS1 et l'opus Saturn, si celle-ci est présente. Même dans le domaine de la collection, les boîtiers des jeux restent très fragiles avec le temps.

Si je devais compter le nombre de fois que j'ai allumé cette console chez moi, ça ne doit même pas atteindre dix.

Est-ce un gâchis de ne pas lui avoir accordé plus de temps ?
Très certainement !

Dreamcast

Contrairement à sa grande sœur, la Dreamcast est moins passée inaperçue dans ma vie. Il faut dire que Sega a de nouveau allongé les billets pour sa campagne marketing.

Je ne sais plus à quand remonte la première fois où j'ai entendu parler de cette console, mais je me souviens d'une VHS promotionnelle présentant la console ainsi que ses futurs blockbusters, à moins qu'il s'agisse d'un DVD promotionnel ? Non, ce n'est pas possible, le premier lecteur DVD de ma famille est arrivé bien après.

C'est bien simple, cette console me faisait de l'œil par rapport à la Saturn puisque j'avais pu revoir dans cette VHS promotionnelle l'un de mes héros préférés : Sonic, avec une cinématique de qualité et des gameplays en 3D à la vitesse de la lumière. C'est ça que l'on voulait avec ce hérisson bleu, pas des tentatives de gameplay non adaptés (coucou *Sonic R*).

Aussi étrange que cela puisse paraître, je n'ai au final joué à aucun *Sonic* sur Dreamcast.

Comment cela était-il possible sachant qu'il était mon héros Sega préféré ? Pour répondre à cette question, intéressons-nous au moment où j'ai pu prendre pour la première fois de ma vie sa manette en main.

Ayant utilisé tout mon argent de poche pour la Nintendo 64, je n'avais malheureusement pas le budget pour m'acheter une Dreamcast et des jeux. Je pouvais très bien revendre ma Nintendo 64 pour me procurer la dernière console de Sega, mais j'étais trop attaché à ma petite collection N64.

Encore une fois, c'est grâce au grand frère Michael que j'avais pu la tester. Un de ses amis lui avait prêté la sienne avec un grand nombre de jeux. Parmi ces titres se trouvaient des licences que je connaissais et de nouvelles pépites sur lesquelles j'allais passer d'innombrables heures.

Connaissez-vous *Quake* ? Célèbre FPS s'inscrivant dans la même lignée que *Doom*. J'avais pu découvrir cette série avec le premier sur la Nintendo 64, une expérience bien fun et difficile (à cause notamment de la manette dégueulasse non adaptée aux jeux de tirs).

La manette Dreamcast n'était guère mieux pour les jeux de ce style. Possédant un seul joystick plus une croix directionnelle placée en dessous de cette dernière, il était impossible de jouer correctement à un FPS avec la maniabilité récente (avancer + pas de côté avec le joystick gauche ; regarder + tourner avec le joystick droit).

Mais grâce à nos multiples parties sur *GoldEneye 64*, jeu possédant l'ancienne maniabilité FPS, mon frère jumeau et moi avions pu profiter pleinement de *Quake 3* en nous affrontant quotidiennement via des parties multijoueurs endiablées à écran splitté.

Entendre les pétoires faire un boucan du diable accompagné d'une musique dantesque et d'une voix off gutturale digne d'un démon des enfers, c'était le pied.

Pour le jeu suivant, c'était une petite surprise. Non pas par le nom de la licence que je connaissais déjà via la PS1, mais par son exclusivité. Je ne savais pas que le nouveau *Resident Evil* était une exclusivité Dreamcast.

Grand fan de la série, c'était avec joie que j'allais découvrir goulûment ce *Code Veronica.*

L'esprit horrifique emblématique de la licence se ressentait dès les premières minutes avec un changement de qualité côté graphismes. Grâce à la puissance de la console, les personnages étaient mieux modélisés, ils paraissaient plus vivants, surtout dans les phases de dialogues.

Même si *Code Veronica* m'a moins marqué que *Resident Evil 2* ou le premier, il n'en reste pas moins excellent, avec comme petit accessoire sympathique la carte mémoire à écran intégré qui affichait la barre de vie du jeu. Ce n'était pas grand-chose, mais ça faisait plaisir.

La Dreamcast a pu accueillir bon nombre de titres qui allaient par la suite devenir culte. Parmi eux se trouve un jeu au style graphique inédit pour l'époque : *Jet Set Radio.* C'était la première fois qu'un jeu vidéo utilisait le cel-shading, un style rendant le jeu vidéo plus cartoonesque, ce qui m'avait marqué. En plus de cela, *Jet Set Radio* était un jeu très original où le but était de taguer les murs de la ville tout en faisant des figures en roller. Ça se terminait assez vite, mais l'expérience y était.

Oh, mais attendez ! Je suis obligé de vous parler de *ChuChu Rocket!* Derrière ce nom tout mimi se cache un jeu multi simple et fun pouvant se jouer jusqu'à quatre. Le but est de récupérer le maximum de souris tout en évitant les chats en plaçant des flèches sur le plateau de jeu. C'est le genre de jeu où l'on fait une partie rapide de temps en temps, amusant à petite dose, car on en a vite fait le tour.

Mon expérience finale sur cette console fut assez limitée sachant que je l'avais découverte en retard en plus de son arrêt de production prématuré dû à de faibles ventes.

J'avais quand même eu le temps de découvrir d'autres jeux incroyables comme :

– *Shenmue*, jeu d'aventure très réaliste ;

– *Crazy Taxi*, jeu de course arcade où le but était d'amener le plus de clients possible à leur destination ;

– *Power Stone 2*, un « Smash Bros. like » en trois dimensions ;

— *Mars Matrix*, un shoot'em up ;

— *Project Justice: Rival Schools 2*, un super jeu de combat.

Concernant les *Sonic Adventure* 1 et 2 de cette console, j'ai pu les découvrir plus tard, mais sur une autre machine, car suite à l'abandon de la Dreamcast, Sega a décidé de sortir ses séries phares sur les consoles concurrentes, chose que jamais je n'avais pensé voir un jour dans ma vie.

Longue vie à Sega qui a été pendant des années une compagnie majeure ayant apporté un paquet d'améliorations dans le monde des jeux vidéo.

Game Boy Color

Enfin un peu de couleur pour les consoles portables de Nintendo (puisque Sega le faisait déjà avec sa Game Gear). J'en avais plus qu'assez de cette couleur jaune pisse.

Contrairement à la Game Boy, je me souviens parfaitement de ma première Game Boy Color. Elle était violet translucide. J'ai comme le sentiment que cette console appartenait au pote du grand frère et qu'il nous l'avait passée par la suite. Encore une fois, personne dans ma famille ne s'en souvient vraiment.

C'était une chouette petite bécane plus plaisante à utiliser par rapport à la Game Boy. Et pourtant, ce n'était pas ma vraie première Game Boy Color, elle appartenait à mon frère jumeau et moi, et si nous voulions jouer à deux, il nous fallait obligatoirement deux consoles. Et hop, rebelote comme avec la Game Boy.

Durant le Noël de je ne sais plus quelle année (comme d'habitude), ma tante qui nous avait fait découvrir la Mega Drive m'avait offert une magnifique Game Boy Color de couleur sarcelle (mélange de bleu et de vert).
J'étais littéralement aux anges, je pouvais dorénavant jouer comme bon me semblait à mes jeux préférés sur cette console sans la contrainte de passer la console à mon frère

quand il avait envie de jouer puisqu'il avait récupéré la console violet translucide.

Et justement, parlons-en de mes jeux Game Boy Color préférés, voulez-vous !

Le premier qui me vient à l'esprit est mon favori. Si vous avez bien lu le chapitre consacré au PC, je vous ai dit que j'avais été marqué par une série en particulier. Sans surprise, mon jeu Game Boy Color préféré appartient à celle-ci : *Heroes of Might and Magic.*

Il est vrai que ça a été un véritable défi pour les développeurs de porter un jeu PC sur la Game Boy Color.

Eh bien, ils s'en sont sortis comme des chefs. Tous les éléments emblématiques de la série étaient présents : combats, gameplay, ressources, recrutements... Qu'importe si c'était moche comme une vulgaire bouse d'éléphant et qu'on ne retrouvait pas une bande-son de haute qualité, je pouvais jouer à mon jeu PC préféré partout où je voulais : au lit, aux W.-C., dans la voiture.

Le pire dans tout ça, c'est qu'un deuxième opus était sorti sur cette console, uniquement disponible aux États-Unis .

Grâce à cette nouvelle console portable, j'ai pu avoir l'occasion de rejouer au tout premier jeu vidéo de ma vie dans une version plus garnie : *Super Mario Deluxe.*

En plus de redécouvrir l'original sorti en 1985, cet opus Game Boy Color nous donnait la possibilité de réussir des challenges. Cela comprenait :

– retrouver les cinq pièces rouges ;
– atteindre un certain score ;
– dénicher l'œuf de Yoshi...

Sans oublier des bonus à débloquer après avoir réussi les différents défis du jeu.

Un bon moyen pour Nintendo de donner un petit coup de peinture fraîche à un titre sorti quatorze ans auparavant. De toute façon, ce jeu restera à tout jamais intemporel.

Si on reste sur les exclus Nintendo, il n'y a pas que Mario qui ait pu accueillir une version Deluxe, il y aussi Zelda, avec le jeu *The Legend of Zelda: Link's Awakening DX.*

Même si par rapport à la version de base, il n'y avait que l'ajout de couleurs, c'était déjà suffisant pour reprendre du plaisir sur un titre si magique.

Surtout quej'avais découvert cette version Deluxe bien plus tard, pendant un vide-grenier se déroulant à Saint-Marcel. Bel accueil, je suis tombé sur un stand tenu par une personne âgée me précisant que chaque jeu vendu sur son stand était au prix de 5 euros. Parmi les jeux se trouvait ce fameux *Zelda DX*, une aubaine pour moi sachant que je n'avais à ce moment-là jamais découvert cette version du jeu. Je me souvenais avoir passé d'agréables moments sur la version Game Boy.

C'était l'occasion ou jamais de redécouvrir cette magnifique pépite. Et ça, quel plaisir, mon jeune ami !

Restons sur la série Zelda avec un cadeau de 2001. Je ne me souviens plus si c'était à l'anniversaire ou au Noël de cette année.

Pour la suite des aventures de Link sur console portable, ce n'est pas un jeu qui sortira dans nos bacs, mais deux :

– une version rouge se nommant *Oracle of Seasons* ;

– une version bleue se nommant *Oracle of Ages.*

Tiens, tiens, tiens ! Pokémon est passé par là.

Mais attention, il ne s'agit pas de deux histoires similaires avec quelques éléments différents. Nous avons eu le droit à deux aventures totalement différentes.

Comme pour Pokémon, mon frère avait choisi le Zelda bleu et moi le rouge. C'était bien cool tout ça !

Seulement voilà, avec la Game Boy Color, il n'y a eu que très peu de titres qui ont marqué mon enfance.

Je pensais que je perdais déjà une partie de ma mémoire, mais après avoir discuté avec mon frère jumeau, celui-ci m'a aussi dit qu'il n'en avait que très peu de souvenirs. Contrairement à moi, il avait découvert *Pokémon Argent* et *Pokémon Cristal,* j'avais arrêté la série après la version rouge pour les versions consoles portables.

En bref, mon frère et moi avions surtout utilisé nos Game Boy Color pour squatter *Heroes of Might and Magic,* mais également pour rejouer aux anciens jeux Game Boy avec un peu de couleur.

Et même aujourd'hui, si j'avais la possibilité de récupérer et découvrir le jeu Game Boy Color de mon choix, je ne sais même pas lequel je choisirais. Ah si, le *Killer Instinct* ! Ah, mais non, je suis bête, celui-ci est sorti sur la Game Boy, et non sur la Game Boy Color.

PlayStation 2

Ai-je été le seul joueur à ne pas avoir remarqué l'engouement massif de la nouvelle PlayStation ? Bien sûr que non, je ne suis pas le centre du monde. J'étais trop envoûté par Nintendo pour me préoccuper de cette PS2 qui avait retourné le Virgin Megastore parisien le jour de sa sortie.

Laissez-moi vous raconter mes premiers moments passés sur cette bécane que tout le monde s'arrachait. J'accompagnais ma famille afin de rendre visite à mon oncle habitant en Lorraine. Après quelques embrassades et discussions banales, mes cousins décidèrent de me montrer leur nouvelle console, qui n'était autre qu'une PS2.

Moi qui étais habitué à voir de nouvelles manettes avec les nouvelles consoles, j'étais étonné de constater que la manette PS2 n'était qu'une simple manette PS1 dualshock, seule la couleur avait changé, passant du gris au noir.

Et le premier jeu, c'était quoi ?

Un FPS principalement axé multijoueur avec la possibilité de rajouter jusqu'à dix bots contrôlés par l'IA du jeu. Pour un jeu console, c'était révolutionnaire. Avec quatre joueurs sur le même écran (bonne chance si vous n'aviez pas de télé de taille conséquente), on pouvait se retrouver à quatorze participants dans une arène endiablée où la musique était rythmée par les pluies de balles interminables. Pendant quelques années, je pensais qu'on était trente dans la partie tellement ça tirait dans tous les sens.

Ce jeu était TimeSplitters.

Même si je l'avais acheté par la suite, il ne faisait pas partie de mes premiers jeux PS2 suivant l'acquisition de la console.

Justement, en parlant de ça, à quand remonte l'obtention de la PS2 chez moi ?

C'était à Noël 2001 ? Ou 2002 ? Flûte, impossible de me souvenir de l'année précise. Mais je sais que c'était pendant un Noël, car nos parents nous avaient fait cette surprise sachant que mon frère jumeau et moi n'avions même pas demandé cette console.

Évidemment que nous étions heureux comme des princes, recevoir une nouvelle console, ça a toujours été le pied.

Ce nouveau trésor était accompagné d'un jeu ne ressemblant pas à une pépite d'or : *FIFA 2001*, un jeu auquel je n'ai prêté que peu d'attention. Aussitôt testé, aussitôt mis au placard après quelques parties sans saveur.

Et c'est alors que vint un ouragan qui allait littéralement frapper à jamais l'esprit d'un bon nombre de joueurs, y compris le mien.

Un jeu proposant une liberté d'action jamais vue jusque-là, un univers où tous les coups bas étaient possibles, un chaos vidéoludique à la portée de chaque passionné.

Bienvenue dans l'une des licences les plus rentables de l'histoire : *Grand Theft Auto*, ou plus couramment appelé *GTA*.

GTA 3 était le premier de la PS2 et d'entrée de jeu, j'ai été emporté par sa qualité. Pouvoir taper sur des innocents gratuitement, voler les voitures comme bon me semblait, enguirlander la police tout en écrasant les passants avec un camion de pompier, c'était incroyablement malsain.

J'en aurai passé des heures dans cette paisible ville se transformant en un capharnaüm pittoresque à la seule force de ma manette. Et c'est au moment où vous contrôlez un tank que vous pouvez vous considérer comme le nouveau Thanos.

Tiens, en parlant d'ambiance, j'ai largement préféré celle de *GTA Vice City* avec son univers Miami des années 80.

Le réalisme du jeu était tellement frappant que je serai toujours choqué de voir des petits gamins jouer à ce titre si violent. Après tout, chacun est libre d'éduquer ses gosses comme bon lui semble, sachez juste que le classement PEGI n'a pas été créé pour les chameaux.

La PS2 m'a permis de découvrir les suites de séries emblématiques de la PS1, plus particulièrement du côté des survival horror. Non, pas de *Resident Evil* ni de *Dino Crisis* à l'horizon, mais plutôt du *Silent Hill.*

Après avoir aperçu un charmant trailer glauque à souhait, me voilà téléporté dans une ville où jamais je ne mettrai les pieds. Ça fait vingt ans que ce jeu est sorti et aujourd'hui encore, le plaisir reste intact grâce à son ambiance lugubre, ses ennemis sortis de l'esprit d'un serial killer et de son histoire tragique et complexe en même temps. On se demande par moment où l'on a atterri. Mais rien ne vaudra la prouesse artistique de l'équipe chargée de la bande-son qui a fait un travail remarquable.

Une monstrueuse expérience ressentie une deuxième fois avec *Silent Hill 3*, que je considère comme mon jeu PS2 préféré. On garde la même recette que le 2 et on y ajoute quelques aromates supplémentaires, dont l'un des moments les plus traumatisants de ma vie de gamer : le manège de chevaux. Rhaaaa, ces cris de dadas en souffrance après chaque coup de katana ! À vous glacer le sang !

Finalement, cette PS2 a été une expérience intéressante avec bon nombre de jeux de qualité. Bon, il est vrai aussi que cette console a accueilli une tripotée de bouses infâmes. Je me souviens avoir testé *Resident Evil Outbreak* que j'ai vite mis aux oubliettes tellement le jeu était chiant. Par rapport à sa gigantesque ludothèque comptant des milliers de jeux, je n'en ai testé qu'un très faible pourcentage. Mon envie de joueur était à ce moment-là encore trop axée sur Nintendo, chose que je n'allais pas regretter avec la prochaine console.

GameCube

Alors là, attention, ça va envoyer du lourd. Autant être clair avec vous, la Nintendo GameCube est ma console de jeu vidéo préférée. Voilà, ça, c'est dit.

Pourtant au début, rien ne présageait mon amour inconditionnel envers ce cube.

Tout commence avec des bandes-annonces, des pubs vues par-ci par-là à la télé, dans des VHS promotionnelles et dans les magazines. Jusque-là, rien de bien foufou : un jeu d'horreur avec Luigi, un jeu de plateformes avec des singes enfermés dans des boules, un jeu de course de jet ski déjà présent sur la 64.

Quand soudain apparaît le jeu qui allait sérieusement me hyper. La suite d'un jeu de combat si original m'ayant tapé dans l'œil pendant ma période Nintendo 64 : *Super Smash Bros. Melee.*

Sauf qu'il faudra attendre la fin d'année pour pouvoir récupérer ma première GameCube, ce qui ne m'a pas empêché entre-temps de tester ce titre culte.

C'était pendant un tournoi organisé par Micromania à l'occasion de la sortie du jeu. Mon frère jumeau et moi étions présents à celui d'Auchan Saint-Priest.

Je pensais que mon expérience sur l'opus 64 suffirait pour remporter quelques victoires. Tu parles ! Je me suis fait exploser la tronche dès mon premier match. J'ai été surpris par la différence de gameplay entre les opus 64 et

GameCube. Le jeu était plus nerveux, ça partait dans tous les sens, en plus d'avoir été dans l'arène F-Zero, je me suis retrouvé complètement perdu dans ce no man's land. Je n'avais aucune chance avec mon pauvre petit Kirby.

La déception se lisait dans mon expression, comme une impression de vol de victoire. Hé, mon gugusse, tu croyais que tu allais devenir le champion de France du jeu sans avoir touché à celui-ci ? Ha ha, la bonne blague !

Nous voilà arrivés fin 2002 et juste avant d'acheter la console, une autre annonce m'avait interpellé, celle de *Resident Evil.*

Le même que celui de la PS1 ? Pas tout à fait, il s'agissait d'un remake.

Mais attention, ici on parle d'un VRAI remake, tellement différent de la version d'origine sortie six ans auparavant. Encore aujourd'hui, je reste époustouflé de la différence graphique entre ces deux versions.

Grand fan de la licence, il était logique que j'achète ce jeu, et justement, c'était mon premier jeu GameCube, acheté en même que la console.

Une expérience tout simplement incroyable, on redécouvrait ce hit de la PS1. Graphismes top tiers pour l'époque, bande-son à tomber par terre, ambiance horrifique à l'image de la série. Et comme si cela ne suffisait pas, les développeurs ont ajouté des salles, des monstres et des objets inédits.

D'entrée de jeu, la Nintendo GameCube m'avait conquis et quel régal de bidouiller sa manette !

Cette euphorie a monté d'un cran quand mon frère et moi avons récupéré le fameux *Super Smash Bros. Melee.* À partir de ce moment, le moindre temps libre en notre possession était consacré à ce jeu de combat.

Tous les jours !

Tous les soirs !

Toujours un affrontement familial !

Des centaines d'heures au compteur !

Que de la joie !

Jamais de rage !

Mais ce n'est pas parce que la GameCube était ma console préférée que logiquement, j'allais apprécier tous ses jeux.

Ça faisait déjà depuis plus de dix ans que je jouais aux jeux vidéo et le bonheur allait être moins présent sur certaines séries Nintendo très célèbres.

La première était la série Zelda. Après des moments forts sur *Ocarina of Time* et *Oracle of Seasons*, c'était avec enthousiasme que j'allais découvrir *Wind Waker*. Sauf que la sauce n'a pas du tout pris à cause de ses graphismes en cel-shading et de ses plages à perte de vue. Je n'ai jamais été friand des étendues marines.

La deuxième était la série Mario Kart. Est-il nécessaire de vous rappeler la qualité de l'opus Nintendo 64 ? Des mois entiers à refaire les mêmes courses avec mon frère, c'était de la folie. On pensait retrouver cette sensation avec le *Double Dash*, mais au bout de trois jours, la lassitude s'était déjà installée. On est ressortis déçus de cette expérience. À croire que nos exigences étaient beaucoup trop hautes.

Pourtant, j'avais hâte de prendre ce jeu en main, sachant que le trailer était convaincant, mais il ne faut jamais oublier qu'entre regarder une bande-annonce et jouer au jeu, un gouffre de différence peut se former.

En revanche, si vous voulez profiter d'un jeu avant sa date de sortie, libre à vous de visionner des séquences de gameplay. Chose que je ne me suis pas gêné de faire avec un jeu en particulier.

À l'époque de la GameCube, YouTube n'existait pas encore et l'un des très rares moyens de regarder des gameplay de jeux Nintendo était de passer par le site officiel.

Justement, je me souviens avoir regardé en boucle les vidéos de présentation du jeu *F-Zero GX* après avoir appris son existence. La 144p rendait la vidéo tellement pixelisée que j'en avais mal au crâne. Qu'importe ! La qualité sonore était présente et ça me suffisait.

J'avais reçu ce saint Graal en guise de cadeau de Noël 2003 et je trouvais le jeu tellement beau et fluide. Tu m'étonnes à force d'avoir regardé les vidéos dégueulasses sur Internet.

Aucun défi du jeu ne me paraissait impossible à faire, la difficulté déjà corsée de base montait crescendo :

– terminer les cinq coupes ;
– terminer le mode histoire ;
– terminer les cinq coupes en mode extrême ;
– terminer le mode histoire en très difficile ;
– terminer le mode grand prix avec tous les pilotes ;
– battre les fantômes des créateurs.

J'avais tellement retourné le jeu dans tous les sens que pour continuer à relever des défis, je m'étais inscrit sur deux sites regroupant les meilleurs chronos du monde. À la vue des champions de *F-Zero GX*, mes premières performances étaient passables, je devais redoubler d'efforts afin d'entrer dans le top mondial. Et cela passait par l'apprentissage de techniques très avancées.

Je me souviens avoir demandé à mon professeur d'anglais de l'époque de me traduire les pavés de tutos disponibles sur les sites spécialisés.

À force de persévérance et après des mois d'acharnement, j'ai réussi à obtenir de très bons temps qui m'avaient permis de me hisser dans le top 30 des meilleurs pilotes du jeu dans la catégorie « max speed ladder ».

Par curiosité, au moment où j'écris ces mots, je suis retourné voir sur le site combien j'étais classé après quinze ans d'inactivité. À ma grande surprise, j'étais encore classé dans le top 10 des meilleurs joueurs français.

En revanche, je ne pense pas qu'un jour je pourrai autant tryharder un jeu, sauf si celui-ci propose un mode compétitif et qu'il devient au passage mon nouveau jeu vidéo préféré de tous les temps.

Peut-être que ce sera le prochain *F-Zero* ? Mais bon, ça fait bientôt vingt ans que l'on n'a plus vu la couleur d'un nouvel opus sur console de salon, depuis, mes espoirs se sont envolés comme le prix de la moutarde en période de crise.

Mais je garde au fond de mon cœur cette petite lueur d'espoir qui me permettra un jour de piloter à nouveau les véhicules les plus rapides de l'univers.

Des vaisseaux aussi rapides que Sonic le hérisson ? Hum, ça reste à voir.

En parlant de ce dernier, il était devenu orphelin à la suite de l'arrêt des consoles Sega. La firme avait décidé de développer ses jeux sur des consoles concurrentes, chose complètement impensable dans les années 90. C'est comme si aujourd'hui, on demandait à Sony de développer *God of War* sur Xbox.

Ce virage à 180 degrés a permis à beaucoup de joueurs de découvrir des hits de la Dreamcast sortis sur des consoles dispo sur le marché.

Le 24 août 2003, mon frère et moi fêtions nos 17 ans et à cette occasion, notre famille nous avait offert un cadeau de grande qualité : *Sonic Adventure 2 Battle.*

Ça faisait tellement longtemps que je n'avais plus joué à un Sonic ! Le dernier en date devait être le *Sonic and Knuckles* sur Mega Drive. Et comme cité dans un précédent chapitre, je n'avais pas eu l'occasion de tester les Sonic de la Dreamcast.

Premier élément marquant du jeu : la possibilité de contrôler l'ennemi juré du hérisson bleu, le Docteur Robotnik. C'était poilant de le manipuler et de tout défoncer sur son passage.

Ensuite vient le nouveau rival de Sonic : Shadow, un hérisson noir maléfique possédant un grand charisme. Il était devenu en peu de temps le nouveau chouchou des fans de Sonic ; c'était lui, mais en version diabolique. Les méchants ont toujours eu la cote. Il est vrai que j'ai moi-même une préférence pour Shadow par rapport à Sonic. Mais rien ne sera aussi marquant que le deuxième nouveau personnage de la série : Rouge the Bat, une chauve-souris très féminine.

Son design m'avait tellement plu qu'elle est rapidement devenue l'un de mes personnages de jeux vidéo préférés, c'est même elle qui m'avait motivé à me lancer plus sérieusement dans le dessin.

Sonic Adventure 2 est pour moi le meilleur Sonic de tous les temps avec son histoire bien ficelée et sa bande-son magistrale. C'est même décevant de constater que les futurs jeux Sonic ne lui arriveront pas à la cheville.

Rien que de vous avoir raconté cet infime morceau de mes souvenirs passés sur cette console, voilà que j'ai envie de rebrancher la GameCube et de replonger dans son catalogue de jeux si extraordinaires.

Le plus compliqué serait de trouver quel jeu insérer en premier dans le compartiment CD. La logique suggérerait *F-Zero GX*, mon jeu vidéo préféré, mais j'ai déjà pris l'habitude d'y rejouer au moins une fois par an, le jour de mon anniversaire.

Game Boy Advance

Pendant des années, j'ai été un lecteur assidu du magazine officiel Nintendo. Cela me permettait tous les mois d'être mis au courant des dernières news de la GameCube. Le souci est qu'au moment où j'écris ces mots, je pensais que c'était grâce à ce magazine que j'ai appris la future sortie de la remplaçante de la Game Boy Color : la Game Boy Advance. Or, le premier numéro du magazine est sorti bien après la mise en commercialisation de la petite machine.

Pourtant, je suis sûr d'avoir connu cette console grâce à un magazine de jeux vidéo. Et c'est là qu'un autre souvenir papier vient d'apparaître dans ma tête. Un autre magazine que je lisais pendant ma période Nintendo 64 : *Kids Mania*. Mais oui ! C'était dans ce mensuel que j'avais pu apercevoir les premières images de jeux Game Boy Advance. Une petite hype avait fait sa place, mais elle n'était pas assez forte pour me pousser à acheter la console le jour de sa sortie. Faute de moyens (encore et toujours), je devais faire des choix.

Un beau jour de printemps (je dis ça, mais si ça se trouve, on était en automne à ce moment-là), un copain de notre grand frère nous propose de lui racheter sa Game Boy Advance blanche à un petit prix. Mon frère jumeau et moi acceptons cette proposition et découvrons pour la première fois la nouvelle console portable de Nintendo.

Malheureusement, je ne me souviens plus de notre premier jeu.

À tous les coups, ça devait être un bazar qui ne cassait pas trois pattes à un canard.

Permettez, j'appelle mon frère jumeau.

— Allô, Johan ?

— Oui ?

— Te souviens-tu de notre premier jeu Game Boy Advance ?

— Oui, c'était *Advance Wars.*

— Pardon !?

— C'était notre pote de l'époque qui nous l'avait vendu avant qu'on récupère la console.

— Ah d'accord, je te remercie ! On se voit jeudi chez les parents.

Les bras m'en tombent. Oublier un jeu aussi magnifique qu'*Advance Wars* ! Quelle indignité !

Il s'agit d'un jeu de stratégie tour par tour à l'ambiance guerre mondiale. Son côté stratégie me rappelait les bons moments passés sur les RPG tactiques de la PS1. C'était assez bizarre de voir un jeu de guerre aux graphismes enfantins. Après tout, son but était la stratégie et non la violence.

Nintendo a toujours été très frileux concernant les jeux violents.

« Oula, attention, il ne faut surtout pas choquer les jeunes enfants avec des jeux non adaptés ! »

Ha ha ! Comme si ça les avait empêchés de jouer à *GTA* ou à *Call of Duty.*

De plus, quelques FPS populaires ont eu le droit à leur version Advance. Je pense notamment à *Duke Nukem*, qui n'est pas un vulgaire portage contrairement à son homologue *Doom*. En y repensant, l'adaptation de ce titre est devenue un meme avec le temps, on peut même y jouer sur un test de grossesse. De ce fait, il était logique de le voir débarquer sur Game Boy Advance.

Mais ce qui est plus intrigant, c'est la présence de *Doom 2* sur cette console, un jeu qui n'est pas sorti chez nous en France.

Fan de la licence depuis des années, j'ai eu cette agréable surprise pendant un voyage scolaire en Espagne.

Pendant une excursion dans un Alcampo (magasin Auchan en Espagne), je m'arrête un instant au rayon jeux vidéo afin d'observer les titres mis en rayon.

Parmi une multitude de jeux plus ou moins traduits en espagnol, un seul m'interpella : *Doom 2* sur Game Boy Advance.

« Ah bon ? Il est sorti sur GBA ce jeu ! » me dis-je dans ma tête.

Est-ce que je le voulais ? Oui.

Est-ce que j'avais assez d'argent pour l'acheter ? Oui.

En guise de souvenir du pays, certaines personnes achètent du jambon, d'autres des cartes postales ou bien des monuments de Barcelone en version miniature, pour ma part, c'était *Doom 2*.

Et comme à cette époque, j'avais toujours ma Game Boy Advance près de moi lorsque je n'étais pas chez moi, j'ai pu le découvrir tout de suite.

En parlant de ça, il existe un jeu GBA qui a toujours accompagné mes voyages, un jeu rocambolesque qui ne m'a pas quitté d'une semelle : *WarioWare, Inc.*

Dans ce titre made in Nintendo, on ne parlait pas de mini jeux comme dans *Mario Party*, mais de micro jeux. Dix secondes pour comprendre le principe et réussir les actions à faire. Ça allait de plus en plus vite et c'était de plus en plus dur.

La moindre petite panique te faisait capoter la partie, il fallait rester concentré au maximum tout en n'explosant pas de rire à la vue de la tronche des micro jeux.

Dit comme ça sur le papier, compliqué de visionner ça dans sa tête. Mais tout prend son sens lorsque l'on voit un gameplay de ce jeu.

C'est ce qui m'était arrivé après avoir vu des vidéos de présentation sur le site officiel Nintendo. C'était tellement dynamique et épique que je me matais en boucle le peu de vidéos disponibles sur le site en attendant la sortie officielle du jeu. Exactement le même cas de figure que *F-Zero GX*.

C'est ainsi que WarioWare, Inc. est devenu très rapidement mon jeu préféré sur cette console.

J'avais tellement apprécié cette petite machine que j'avais récupéré sa version SP spéciale NES en guise de cadeau d'anniversaire pour mes 18 ans.

Une incroyable console portable pouvant aussi lire les jeux Game Boy et Game Boy Color. Le plaisir de redécouvrir les titres de mon enfance avec l'écran rétroéclairé de la version SP.

La concurrence ne pouvait rien faire contre cette pépite.

Neo-Geo Pocket Color

Dans les années 90, il existait une console que très peu de personnes pouvaient se procurer. Vendue à 3500 francs le jour de sa sortie (ce qui représente aujourd'hui 900 euros en prenant en compte l'inflation), la Neo Geo était le saint Graal de toute une génération de joueurs :

– des jeux de haute qualité ;

– des exclus qui étaient seulement jouables sur bornes d'arcade ;

– des versions améliorées de portages sortis sur d'autres consoles.

Elle était parfaite si on enlève son prix totalement abusif, mais justifié au vu de ses prouesses techniques. Une console que je connaissais seulement de nom, car trop pauvre pour la posséder.

C'est alors qu'un ami de mon grand frère nous propose aux débuts des années 2000 de lui racheter sa Neo Geo. Mais ce n'était pas celle que je vous ai citée précédemment, c'était sa version portable : la Neo Geo Pocket Color.

Je me souviens avoir vu quelques articles de magazines parlant de cette console, mais ça restait assez timide par rapport au tsunami provoqué par les Game Boy. Qu'importe ! C'était une occasion en or de jouer à des titres qui n'étaient jamais sortis sur la console de Nintendo et rien de mieux pour en découvrir un maximum.

La console nous avait été vendue avec quatre jeux.

King of Fighters R-2, un très bon jeu de combat avec des personnages au design chibi. J'ai passé pas mal de temps dessus, une bonne expérience.

Neo Geo Cup '98 Plus Color, la version SNK de la coupe du Monde 98. Testé une fois. Ce n'est pas pour moi les jeux de foot.

Samurai Shodown II, autre jeu de combat tout aussi sympathique que *King of Fighters*. Là aussi, c'était des bons moments.

Metal Slug: 1st Mission, célèbre run and gun. Pour ce dernier, ce fut un grand mystère.

Fan de *Probotector*, c'était une joie de pouvoir tester cette version portable de *Metal Slug*. Sauf que c'était complètement bugué, les textures partaient dans tous les sens. Moi qui pensais que ma cartouche était morte, voilà que vingt ans plus tard, je le reteste sur la même console et comme par magie, le jeu fonctionnait parfaitement.

Car oui, depuis tout ce temps, ces quatre jeux n'ont jamais quitté ma collection malgré le peu de temps passé dessus. Il faut dire que j'avais récupéré cette console bien après sa fin de production. Pour vous donner un ordre d'idée, la Neo Geo Pocket Color était la concurrente de la Game Boy Color et je l'avais découverte après la GBA. La différence de qualité était flagrante. Ce qui est fort dommage, car la qualité des jeux surpassait celle des jeux Game Boy Color, mais pas celle des jeux GBA. Et avec sa faible distribution en France, en dénicher en vide-grenier était mission impossible. Comme d'habitude, ça pouvait se trouver en magasin spécialisé ou sur Internet, à condition d'allonger les billets.

Néanmoins, un jeu m'intéresse toujours, c'est le *Sonic Pocket Adventure*, une exclusivité de la franchise. Quand on l'analyse en détail, on a comme l'impression de voir une version Game Gear améliorée, ça a l'air très sympa, sauf dans le cas où l'on a découvert précédemment les *Sonic Advance*.

À plus de 300 euros au moment où j'écris ces mots, c'est embêtant de mettre le prix d'une Nintendo Switch dans un jeu que l'on n'a jamais testé à l'époque et qui ne nous attire pas tant que ça.

Nintendo DS

Pendant la lecture d'un *Nintendo Magazine*, j'avais aperçu l'annonce d'une toute nouvelle console portable de chez Nintendo. C'est fou comme ça va vite ; seulement un an après l'obtention de la GBA SP édition NES !

Voyons voir, à quoi va ressembler cette nouvelle machine ?

Deux écrans intégrés à la console portable au lieu d'un ! N'est-ce pas un poil trop perfectionné ? Pourtant, c'était déjà le cas dans les années 80 avec certaines Game and Watch. Et justement, ce sont ces anciennes machines qui ont inspiré Nintendo à créer le design de la Nintendo DS, la remplaçante de la Game Boy Advance. Ajoutons à ça une fonctionnalité stylet utilisable sur le deuxième écran, ce qui rend l'utilisation de la console assez suspecte.

Mes doutes commencèrent à s'envoler vers de lointains horizons lorsque je vis que l'un des jeux du lancement n'était autre que le nouveau *WarioWare*. Avec le stylet et les deux écrans, l'expérience allait être très intéressante.

Avec mon frère, nous avons eu notre première Nintendo DS quelques semaines après sa sortie officielle. Nous avons opté pour la couleur bleue. Avec son clapet repliable, elle me rappelait la GBA SP, avec deux fois plus de volume.

Cet achat a été accompagné (sans surprise) de *WarioWare: Touched!* et, tout de suite, j'ai pris goût à ce nouvel opus apportant un petit vent de fraîcheur à la série. Nintendo avait trouvé le candidat idéal en tant que jeu vitrine mettant en avant les nouvelles fonctionnalités de la console.

Seulement voilà, utiliser à foison un stylet sur un écran n'était pas sans risques. Au fur et à mesure de son utilisation, je constatais les dégâts infligés par celui-ci. On ressentait les micro rayures à chaque geste, ça devenait de moins en moins agréable. (Merci le micro jeu du rouleau de papier toilette !) C'est pour cela que l'achat d'une DS Lite, la deuxième version de la console était nécessaire pour ressentir la douce sensation d'un écran neuf, mais ça n'a duré qu'un temps.

C'est dommage, car parmi les jeux utilisant le stylet, il y a de sacrées pépites. Comme celui où vous incarnez un chirurgien. Cette nouvelle licence sortie de nulle part allait devenir l'une de mes plus belles découvertes de la console. Grâce au stylet, on pouvait opérer, sauver des accidentés, et même réduire à néant des virus dignes d'un film d'horreur. Le stress était présent, pas un moment de répit. C'est dommage que ce jeu n'ait pas eu beaucoup de succès.

Tout le contraire de *L'Entraînement cérébral du Docteur Kawashima* : un carton mondial qui allait lancer la mode des jeux du même style. Musclez votre cerveau au quotidien grâce à une série de mini jeux ludiques qui déterminera l'âge de celui-ci. Une touche de calcul, un soupçon de sudoku, une poignée d'observation et pouf, cela nous donne un cocktail addictif. *L'Entraînement cérébral du Docteur Kawashima* n'était pas fait pour les « tryharders », c'est pour cela que j'ai préféré un autre jeu du même style apportant plus de défis et une meilleure satisfaction au niveau du score : *Cérébrale Académie*.

Cette fois-ci, le jeu ne calcule pas l'âge de votre cerveau mais son poids selon les scores que vous allez obtenir à travers les mini jeux. Un chouette concept qui me poussait à dépasser mes limites.

Tout fier de mon cerveau à 2,8 kg (le double du poids réel), j'avais décidé de participer à un tournoi organisé par les magasins Micromania. Seuls les joueurs aux plus gros cerveaux étaient qualifiés pour les phases finales. Moi qui pensais avoir toutes mes chances, ce n'était pas un doigt que je m'étais fourré dans l'œil, mais carrément le poing. Les meilleurs joueurs avaient réussi à dépasser les 8 kg !

Mais quoi ! C'est possible ça ?

Eh bah, oui. Me voilà de nouveau étonné sur les capacités des joueurs les plus déters de France.

Rien d'étonnant en soi, plus une console marche, plus il y a de joueurs et plus haute sera la probabilité de tomber sur des balèzes. En plus, il n'était pas obligatoire de posséder la version boîte d'un jeu pour pouvoir s'entraîner dessus.

Comment ? vous allez me dire.

Grâce à la R4. (Attention, c'est illégal.)

Avec cette cartouche très spéciale, il était possible de jouer à des jeux téléchargés sur Internet. Très utile pour les joueurs n'ayant pas assez de sous, pour tester des jeux avant de les acheter, mais également pour jouer à des titres non disponibles en France.

C'est grâce à cette fameuse cartouche que j'ai pu découvrir la version américaine de *Trauma Center 2*, que j'ai importé bien plus tard grâce à la démocratisation de l'import sur les sites marchands. Je me souviens aussi d'avoir passé beaucoup de temps sur la série *Osu! Tatakae! Ōendan*. C'était en japonais et ce n'était pas grave si je ne comprenais pas un broque des dialogues, le fun était présent.

On croirait que mon expérience sur la Nintendo DS est assez riche, c'est loin d'être le cas. Comme pour toutes les autres consoles portables, le temps passé dessus était bien moindre comparé aux consoles de salons. Sachant qu'un bon pourcentage a été consacré pour un seul jeu, mon préféré, *Advance Wars: Dual Strike*. Plus complet et plus intéressant que les opus GBA, j'allais en toute logique passer des nuits dessus. Je n'avais qu'un seul objectif : obtenir les 300 points sur toutes les missions.

Je suis d'ailleurs très déçu que la série n'ait pas continué dans ce sens. On a eu le droit à un *Dark Conflict* pas aussi bon que *Dual Strike* et on attend toujours des news du prochain sur Switch qui a été repoussé à une date inconnue à cause de la guerre en Ukraine. Et le pire dans tout ça, c'est qu'il s'agira d'un simple remake (paresseux) du 1 et du 2 sur GBA.

Quel triste gâchis...

Wii

Ayant grandi avec Nintendo, ayant découvert les jeux vidéo avec *Mario Bros.*, ayant comme console préférée une console Nintendo, je pensais continuer à avoir autant de ferveur envers cette compagnie. Mais toutes les bonnes choses ont une fin. Cette chute de vénération m'a atteint avec le débarquement de la Wii.

Pourtant, son annonce officielle partait du bon pied :

– une nouvelle manière de jouer ;

– de nouvelles licences en plus de la continuité des licences phares ;

– un prix abordable de 250 euros.

Tout y était pour que la magie Nintendo opère de nouveau. Mais il faut arrêter de croire à la bonne fée en pensant que tout ce que font les entreprises ira dans mon sens. Après tout, je ne suis pas le centre du monde.

Cette sensation de fin s'est déroulée en deux étapes.

La première s'est passé le jour J de sa sortie. Accompagné de mon frère jumeau, notre grand frère nous avait emmenés au Micromania de Saint-Priest afin de récupérer ce nouveau sésame que nous avions précommandé. Il était hors de question de prendre le moindre risque au vu de l'engouement autour de cette nouvelle console.

La douche allait être glaciale en arrivant sur place. Le responsable du magasin nous a annoncé qu'ils n'avaient pas assez de Wii pour satisfaire l'ensemble des réservations. Étaient prioritaires les clients ayant réservé plusieurs accessoires et jeux en plus de la console. Et comme par hasard, on n'avait réservé QUE la console à cause de notre incertitude sur notre futur premier jeu.

On avait beau engueuler les vendeurs, c'était totalement inutile. La faute à Nintendo qui n'avait expédié que très peu de consoles. Il fallait comprendre le magasin qui ne pouvait pas fabriquer de consoles sur place en plus de devoir gérer tout le mécontentement créé par Nintendo. Et voilà comment j'ai découvert l'existence du phénomène de la rareté éphémère : moins un produit convoité est disponible, plus sa hype augmente. On retrouvera ce procédé par la suite avec d'autres consoles.

En plus d'être dépités, on avait comme l'impression d'avoir été humiliés par le magasin. Jamais on n'avait connu cette sensation amère dans notre passion. Celle qui nous donnait le sourire et le plaisir de nous lever le matin.

La pilule avait du mal à passer.

Mais attendez, ce n'est pas fini. Je ne vous ai pas encore parlé de la deuxième étape de la déception, comme si la première n'était pas suffisante.

Un pote de mon grand frère est venu chez nous avec sa Wii. Chouette, c'était une occasion en or de tester pour la première fois la console que je n'avais pas récupérée l'autre jour.

Et là, c'est le drame ! Dix minutes m'ont suffi pour constater la qualité désastreuse de *Wii Sports* : impraticable, moche comme un pou, zéro fun. Ça faisait quinze ans que je bidouillais des manettes jour après jour.

Je constatais une évolution croissante de la qualité visuelle à travers les nouvelles consoles. Et pour la première fois de ma vie, je me retrouvais face à une régression vidéoludique. Une observation personnelle confirmée par la découverte de *Mario Party 8*, qui était de moins bonne qualité que les précédents sortis sur GameCube.

Je ne pouvais pas croire que cette console à moitié daubée soit devenue le plus grand succès de Nintendo. Du fait de mon raisonnement toxique et fermé de l'époque, je me suis senti trahi par la firme. Il était hors de question d'acheter la Wii afin d'exprimer mon mécontentement.

C'est pour cela que je me suis procuré la console quelque temps après afin de découvrir les exclusivités de celle-ci. Au vu de son retard technologique, il aurait été débile de jouer à des titres sortis sur les autres consoles de cette génération en moins bonne qualité.

Et puis, ne soyons pas mauvaises langues, cette nouvelle façon de jouer ouvrait de nouvelles portes sur les concepts. C'était aussi un excellent moyen d'adapter correctement les jeux DS utilisant la fonctionnalité stylet.

C'était le cas de *Cérébrale Académie*. Il était facile aux développeurs de faire un portage du jeu sur console de salon, et même pas besoin d'améliorer les graphismes ; le public s'en fichait. Heureusement que ce n'était pas tout le temps le cas et que des adaptations de jeux DS ont eu le droit à une remise à niveau.

Chose que j'ai constatée avec *Trauma Center: Second Opinion*. Une refonte graphique a été apportée à la version Wii et c'était un plaisir succulent de redécouvrir ce titre avec quelques missions bonus supplémentaires. La maniabilité de la wiimote était parfaitement adaptée au gameplay et au moins, on ne risquait pas d'abîmer l'écran.

Se mettre dans la peau d'un chirurgien le temps d'une partie était une sensation unique dédiée à cette série de jeux, sans compter son univers manga apportant des situations dramatiques à la limite de l'abus.

Trauma Center: New Blood, le deuxième opus de la console possédait une nouvelle histoire épique à souhait avec l'ajout d'un doublage. Le jeu paraissait plus vivant, sans compter cette soundtrack remplissant mes oreilles de bonheur.

Malgré ces quelques exceptions à la règle, cette Wii a été une déception. Avec ses 100 millions de ventes à travers le monde pour une rétrogradation, cela n'a pas franchement motivé les éditeurs à nous proposer des jeux fun. Beaucoup de bouses ont fait leur apparition et des compagnies réputées pour leur maîtrise n'étaient plus que l'ombre d'elles-mêmes. Jamais je n'oublierai l'exemple de Mindscape, cette compagnie à l'origine de l'excellent *Warhammer: Dark Omen* sur PS1. Ils avaient pondu par la suite le pire jeu de la Wii : *Bienvenue chez les Ch'tis*.

Mais bon, quand il y a du fric facile à se faire, on préfère oublier le savoir-faire.

Xbox 360

Suite au fiasco personnel de la sortie de la Wii en France, mon frère et moi avions conservé l'argent qui était de base destiné à la console de Nintendo. Cet argent sera au final utilisé pour une console qui nous mettra une véritable claque bénéfique à notre esprit trop renfermé dans le confort. En effet, à être trop fidèles aux compagnies que l'on aime, on a tendance à ne pas s'intéresser à la concurrence qui peut proposer une meilleure expérience vidéoludique.

En prenant du recul, il est préférable de remercier la gestion catastrophique de la Wii qui m'a permis de découvrir les consoles de Microsoft. En effet, la première console de Microsoft n'est pas la Xbox 360 mais la Xbox, une console qui ne m'a jamais intéressé. J'étais occupé à poncer la GameCube et la PS2. Voilà pourquoi aucun chapitre ne lui a été consacré dans ce livre.

Néanmoins, il faut un point de départ dans l'achat d'une console. Il est hors de question de dépenser aveuglément des centaines d'euros dans un objet que je ne connais ni d'Eve ni d'Adam. Dans le cas de la 360, il y a même eu deux points de départ.

Le premier fait suite au visionnage de quelques bandes-annonces des futurs blockbusters de la console. Cela incluait le légendaire *Halo* qui curieusement ne m'a jamais attiré, peut être que cela est dû à son univers spatial. Mais il y avait surtout le trailer d'un nouveau jeu de zombies.

Ah ! Une véritable histoire d'amour avec ces abrutis boitant comme des lépreux. Dès que j'aperçois ces créatures débiles, ma mémoire s'active pour me rappeler mes supers moments passés sur *Resident Evil.*

Sauf que ce n'était pas le nouvel opus de la série, c'était beaucoup trop comique pour appartenir à celle-ci. Tu m'étonnes à la vue du héros utilisant une tondeuse à gazon ou une boule de bowling afin d'en zigouiller un maximum qui, de plus, pullulaient dans tous les sens.

Ce jeu s'intitulait *Dead Rising.* Hum, intéressant ! Gardons ça dans un coin de ma mémoire.

Le deuxième point de départ a été provoqué par les mêmes cousins qui m'avaient fait découvrir mon premier jeu PS2 : *TimeSplitters.* Cette fois-ci, ils avaient débarqué chez moi accompagnés de leur Xbox 360. Mon frère et moi étions envoûtés par l'avancée technologique de la bécane qui dépassait largement celle des concurrentes que nous avions pu découvrir jusque-là. Il y avait aussi ce petit truc inédit à la console, un système de points appelés « succès » récupérables dans tous les jeux Xbox 360. Cette simple fonctionnalité allait grandement changer ma façon de jouer.

Mais ça, on en reparlera un peu plus tard.

Naturellement, il fallait acheter notre premier jeu avec la console. Notre choix s'était porté sur un jeu de course très populaire : *Need for Speed: Most Wanted.* J'avais passé de supers moments sur *Underground 2* sur GameCube. Cette ambiance nocturne, ces courses illégales, cette bande-son aux petits oignons, ce tuning savoureux. Tout y était pour transformer un jeu de course en une bombe incroyable.

Pour le *Most Wanted*, les développeurs ont conservé cet esprit tout en l'améliorant. Ah là là ! Si toute l'industrie du jeu vidéo pouvait se comporter ainsi !

Ajoutons à tout ce joyeux cocktail un atout de taille : les courses-poursuites tellement stressantes qui transformaient vos vêtements en des éponges de sueur.

Pour une première expérience Xbox, c'était une totale réussite. Et dire que cela n'aurait pas pu se passer si j'avais eu ma Wii le jour de sa sortie.

Bon, il est temps de découvrir dans les moindres recoins ce cher *Dead Rising*, un joli foutoir. Sa véritable force est que (presque) tout élément du décor peut être utilisé comme arme. En plus, l'histoire se déroule dans un centre commercial. Sans oublier la quantité hallucinante de zombies se baladant dans ce lieu.

Imaginez le capharnaüm de ce titre !

En se retrouvant sans défense parmi une multitude de morts-vivants, on n'a pas d'autre choix que de prendre ce qui nous passe sous la main pour se défendre tant bien que mal. C'est la sensation que j'ai eue en découvrant ce titre.

Tu trouves une batte de baseball, trop bien, c'est efficace. Oups, elle s'est pétée. Un pistolet dans une poubelle ? La chance me sourit ! Et crotte, il n'y avait que quinze balles dans le chargeur. Un mannequin, c'est toujours mieux que ses poings. Mais que c'est naze, autant se défendre avec une cuillère ! Un bidon de jus d'orange. Pourquoi je le balance sur la tête du premier zombie venu ? C'est pour regagner des points de vie, pas pour attaquer !

Jamais un jeu de zombies ne m'avait autant fait pisser de rire, les ennemis étaient tellement débiles et cinglés que ça en devenait comique.

Vous me connaissez bien, je suis quelqu'un qui a toujours mis un point d'honneur sur la bande-son, l'élément le plus important dans un jeu vidéo selon moi. Mais qu'en est-il des jeux de rythme ? Des titres dont la musique est au centre du gameplay ?

Mon expérience se limitait à deux jeux :

– *Dance Dance Revolution*, jeu se jouant avec un tapis de danse, très sympa ;

– *Donkey Konga*, jeu Nintendo sorti sur GameCube se jouant avec des bongos en guise de manettes.

Jolie performance malgré une liste de titres vite oubliables au vu de mes goûts musicaux assez perchés pour le public lambda français.

C'est alors que débarque *Guitar Hero II* sur la Xbox 360, jeu dans lequel votre manette est remplacée par une guitare en plastique. La découverte de cette série a été pour le moins insolite. Auparavant, j'étais à fond sur les records de jeux vidéo et j'essayais d'en faire un maximum. Tous mes records étaient postés sur deux sites : Video Games Records et Cyberscore. Afin de mieux rentabiliser le temps passé sur les consoles, je priorisais les jeux contenant le plus de records à faire et les *Guitar Hero* en possédaient un grand nombre.

C'est comme ça que j'ai appris l'existence de cette série de jeux de rythmes.

Peu de temps après l'annonce du deuxième opus sur Xbox 360, j'étais de passage sur Marseille pour rendre visite à de la famille. Et pendant une promenade au centre commercial, je remarquai une borne de présentation de *Guitar Hero 2* dans un Micromania. J'avais devant moi une occasion en or de tester pour la première fois cette fameuse manette guitare. Après seulement une dizaine de secondes, le feeling était passé direct, je prenais un maximum de plaisir dans le style de jeu et dans la musique jouée.

Ah oui, je ne vous l'avais toujours pas dit, je suis un métalleux. La musique metal est la deuxième passion de ma vie.

Alors quand on combine mes deux plus grandes passions, le résultat n'en est qu'exceptionnel.

Mais nom de Dieu, c'est fou comme *Guitar Hero 2* était corsé (surtout le bouton orange dès qu'on passait en mode difficile). Ce n'était pas grave, rien n'arrêtait ma mentalité de joueur hardcore et même si je perdais, chaque tentative me permettait d'apprécier encore plus la musique jouée. Le plus grand bonheur a été l'obtention du succès Xbox après avoir réussi *Through the Fire and Flames* de DragonForce au niveau expert dans *Guitar Hero 3*. C'était le défi suprême pour tout fan de la série.

Car oui, je prenais également beaucoup de plaisir à débloquer les succès des jeux. C'était des défis plus ou moins durs présents dans chaque jeu Xbox 360. Chaque succès donnait un nombre de points se cumulant sur votre profil Xbox.

Tout comme pour les records de jeux vidéo, j'y étais devenu addict. Je voulais tout débloquer, tout faire, recommencer plusieurs fois le même jeu pour obtenir les 1000 points de succès. Ce système de challenge m'avait permis de découvrir une multitude de pépites cachées. Je pense par exemple à *Split/Second*, un jeu de course ultra nerveux nous rappelant un film de Michael Bay tellement ça explose de partout. Il y a aussi *The Club*, un magnifique TPS où votre but est de tuer avec style. Mieux vous jouez, plus vous gagnez des points selon la façon de zigouiller les ennemis.

Vous l'aurez compris, le nombre de titres découverts sur cette console se chiffre par centaines. Cependant, il n'y avait pas que du bon. Oh, combien de daubes sur Xbox 360 ont été découvertes par mes doigts ! (*Secret Service*, cette bouse infâme.)

Finalement, si je devais choisir un jeu parmi tous les super titres dont regorge cette console, je choisirais *The Evil Within*. Il s'agit d'un survival horror. Oh, comme c'est surprenant, dis donc !

À travers cette œuvre macabre, j'ai retrouvé toutes les sensations ressenties dans les anciens *Resident Evil*. La gestion des munitions, l'ambiance horrifique, la bande-son oppressante avec en bonus un univers sans queue ni tête. Ceci n'est en partie pas surprenant, sachant qu'*Evil Within* a été créé par l'un des papas de *Resident Evil*. J'avais tout de suite reconnu sa touche artistique.

Il y a tellement de choses à dire sur la Xbox 360. La découverte de cette console fut riche en expériences et en émotions. Tellement de jeux marquants que je n'avais pas hésité par la suite à y rejouer sur la console concurrente afin de débloquer des trophées, un système similaire aux succès.

La boucle était bouclée.

PLAYSTATION PORTABLE

Une PlayStation portable ? En voilà une bonne idée. Pouvoir jouer aux hits Sony à travers une console haut de gamme, ça faisait rêver. Au revoir les jeux Nintendo moches et en retard techniquement. Faites place à la puissance se glissant dans la poche.

Sauf que de mon côté, je m'en fichais un peu. Était-ce encore mon esprit obtus qui me jouait des tours ? Très certainement. Ce mauvais comportement m'avait une nouvelle fois fermé des portes. Les hits de cette console portable n'allaient pas être incrustés dans ma mémoire si chargée en souvenirs.

Heureusement, et comme toujours, il y a des exceptions à la règle. L'un d'entre eux sera le jeu qui me motivera à acheter la PSP. Cela faisait depuis quelques mois que je travaillais à Castorama et dès l'obtention de mon salaire, l'envie était là. Je m'étais pressé en direction du Leclerc près de chez moi pour me procurer une PSP, c'était début 2008. Trop cool, j'allais découvrir des jeux qui me faisaient frissonner rien qu'en entendant leurs noms.

Commençons par cette fameuse exception à la règle. Quand je vous citerai son nom, vous allez rigoler, en plus de ne pas être étonné. Après tout, vous commencez à connaître ma vie de gamer grâce à ce livre, c'est son but aussi.

Ce jeu est *Silent Hill: Origins!*

Ah là là, qu'est-ce que je vous avais dit ? J'entends vos futurs rires à l'écriture de ces mots. Je ne pouvais pas passer à côté de cet épisode inédit même s'il ressortait un peu plus tard sur la PS2.

C'était la première fois que je jouais à un jeu d'horreur de cette envergure sur une console portable. Bien installé dans le lit le soir, la sensation était différente. Le réalisme était présent, l'ambiance était fidèle, une expérience aux petits oignons.

C'est maintenant que vient une surprise improbable. La Nintendo DS avait accueilli la série *Guitar Hero* et la PSP avait accueilli *Rock Band.*

Deux jeux concurrents pour deux consoles concurrentes. Même s'ils étaient similaires sur les consoles de salon, leurs gameplays étaient très différents sur portable. *Guitar Hero DS* possédait un accessoire s'accrochant à la console alors que *Rock Band PSP* n'avait aucun accessoire, d'où son nom : *Rock Band Unplugged.*

Comment prendre du plaisir sur un jeu de rythme en utilisant seulement les boutons de la console ? Sachez que *Rock Band* possédait une petite astuce fort sympathique. Le but était certes d'appuyer au bon moment sur les boutons, mais il fallait aussi alterner les différents instruments. On se retrouvait à jouer l'intégralité du groupe, une idée de génie.

Si vous me demandez de citer mon top 10 des meilleurs jeux PSP, je ne sais même pas si je réussirais à en caser dix. Si vous me demandez si j'ai envie de rejouer à cette console-ci, tout de suite, cela risque d'être difficile d'y arriver. La batterie de ma console a certainement dû gonfler avec le temps (un problème récurrent).

PlayStation Vita

. Après le succès retentissant de la PSP, il était logique de voir un jour dans nos rayons une nouvelle console portable Sony encore plus puissante.

Comme pour toutes les consoles précédentes, c'était avec curiosité que j'allais observer en détail les différentes nouvelles fonctionnalités ainsi que les futurs jeux. Un nouveau *Silent Hill* exclusif ? Ce serait chouette. Sauf que ça ne s'était pas passé comme prévu, une nouvelle fois.

Grosse mise en avant de Sony pour sa nouvelle machine, des vidéos de présentation de partout, un matraquage publicitaire digne de la firme. Parmi ces campagnes marketing se trouvait une tournée d'animations avec la possibilité de tester en avant-première la console.

Après vérification des lieux, la chance était avec moi, je pouvais tester la PS Vita à Lyon Part-Dieu. Les bornes de démonstration étaient placées en plein milieu du centre commercial, impossible de les louper.

Excité comme une puce et après seulement cinq minutes passées sur *Wipeout 2048*, un jeu de course futuriste, le plaisir était déjà présent. Mon cœur a été rapidement conquis. J'avais retrouvé une partie de mes sensations de joueurs de *F-Zero* et les émotions sont très importantes dans l'achat d'une nouvelle console.

C'était décidé, la PS Vita serait mienne dès son premier jour de commercialisation en France.

Vous allez rire, je ne me rappelle même plus où j'avais acheté cette console.

Oh, mais attendez ! Je vais vérifier si je n'ai pas laissé la facture dans la boîte de ma PS Vita. Bingo ! Elle y était. Tiens, tiens, tiens... moi qui pensais l'avoir achetée dans un Carrefour ou un Leclerc, je m'étais trompé, c'était dans un magasin Fnac.

Pas de réelle surprise pour le premier jeu, il s'agit du même testé pendant l'animation à Lyon Part-Dieu : *Wipeout 2048*. Je connaissais la série depuis le premier sur PS1, mais je ne l'avais testé jusque-là.

Alors, pourquoi l'avoir choisi comme premier jeu ? Pour son côté course futuriste qui me rappelait mon époque F-Zero. En effet, depuis la version GameCube en 2003 (et un opus GBA jamais sorti chez nous), on n'avait plus vu la couleur de cette licence Nintendo. Il fallait bien qu'un concurrent prenne la relève en attendant un remuage de fion de la part de Nintendo, et *Wipeout* était le candidat idéal.

Même s'il n'est pas aussi vivant, il a le mérite de pousser l'ambiance futuriste le plus loin possible avec son design et sa bande-son.

C'était sans compter la sensation de vitesse omniprésente qui allait me charmer, à travers notamment le mode zone. C'était vous contre la vitesse ! Le but est de survivre le plus longtemps possible. Plus le temps passe, plus votre véhicule accélère, jusqu'à atteindre une rapidité qui ne vous laissera pas la possibilité de cligner des yeux, sous peine de vous retrouver encastré contre un mur.

Wipeout 2048 reste à ce jour mon jeu PS Vita préféré.

Je sentais distinct une auraà travers cette console portable, sans compter le charme de ses boîtes de jeu. Des petites boîtes bleues toutes mimi, c'était satisfaisant de les avoir en main.

Étant collectionneur depuis un paquet d'années, il était temps de me lancer dans un fullset, un défi qui consiste à récupérer l'intégralité des jeux sortis sur une console.

Étant le premier de ma vie, on va éviter de trop s'éparpiller, on va rester dans les versions françaises des jeux, ce qui en soi est déjà un gros challenge sachant que cette console a fortement bidé en France. Qui dit moins de ventes dit plus de rareté.

La deuxième difficulté dans la quête d'un fullset est qu'il faudra collectionner tous les jeux, cela comprend les bons comme les mauvais. Ça va, j'ai de la chance avec cette console, la proportion de mauvais jeux est assez mince.

Et *Silent Hill* dans tout ça ? Toi, Astérion, fan inconditionnel de la licence, n'as-tu pas adoré *Book of Memories*, l'opus inédit de la PS Vita ?

Hum hum, je suis désolé, je ne suis pas scatophile.

Quelle idée saugrenue de remplacer le style survival horror par un... hack'n'slash ?

Aujourd'hui encore je me demande quelles drogues les développeurs ont pu consommer pour faire ça et pourquoi les éditeurs ont validé le projet. Une situation complètement sordide qui a littéralement déchiré mon cœur de fan.

C'est bien simple, il n'y a rien à rattraper sur cet étron du diable. Aussitôt testé, aussitôt mis au placard pour l'éternité. Ce n'était pas comme ça que j'allais débloquer des trophées sur PS Vita.

Car oui, cette console possède un système de déblocage de trophées. On ne va pas passer par quatre chemins, c'est du pur copiage sur le système de succès de la Xbox.

Personnellement, je ne vais pas m'en plaindre, j'adore débloquer des succès, c'était en toute logique que j'allais accrocher aux trophées PS Vita.

Mais même avec ça, je n'ai pas cette impression d'avoir passé beaucoup de temps sur la console. Les rares moments étaient les fois où je n'étais pas chez moi, c'est-à-dire dans les transports en commun ou dans les hôtels.

Par conséquent, il suffisait d'une nouvelle console portable pour qu'elle ne soit plus jamais rallumée, chose qui est arrivée avec une future console Nintendo, ce qui est fort dommage au vu de sa puissance et de son ergonomie. La PS Vita était une réussite technologique mais pas commerciale.

PLAYSTATION 3

Le premier souvenir que l'on a d'une nouvelle console, c'est souvent son annonce officielle. Ça peut être également le premier jour de commercialisation avec sa nuée de joueurs prêts à attendre des heures dans le froid pour toucher le saint Graal.

Pour la PS3, c'est le bide de son lancement, ha ha.

Tu m'étonnes ! À 600 balles le bazar, il ne fallait pas s'attendre à des miracles, elle était beaucoup trop chère. Résultat, presque personne ne l'a achetée les premières semaines. J'en étais le premier étonné, après le succès retentissant de la PS1 et la cohue provoquée par la PS2, jamais je n'aurais pensé à un échec. Heureusement qu'ils se sont rattrapés par la suite, en baissant le prix de la console rapidement.

De mon côté, je m'étais procuré cette PS3 en 2012, c'est-à-dire six ans après le premier jour de sa sortie.

Ouah, aussi tard !

Comment ça se fait ?

Elle était trop chère ?

Non, c'est juste que j'étais trop focalisé sur les succès de la Xbox 360. J'en étais devenu tellement addict que le simple fait de jouer à un jeu ne possédant pas ce système de récompense était considéré comme une perte de temps par mon esprit.

C'est fou ça ! Auparavant, j'étais enfermé dans le monde de Nintendo, je m'ouvre aux autres constructeurs pour au final m'enfermer chez un autre.
La vie n'est qu'un éternel recommencement.

Fort heureusement, la PS Vita avait débarqué cette même année. Comme dit dans le précédent chapitre, c'est grâce à elle que j'ai pu connaître l'existence des trophées PSN. Cela m'avait motivé à acheter une PS3 la même année.

Maintenant, vous savez pourquoi j'ai mis autant de temps à me procurer cette console.

Le retard m'a permis de récupérer ma première PS3 pour une bouchée de pain : une promotion sur un pack Slim avec *Call of Duty: Modern Warfare 3*, avec une revente du jeu à un collègue de mon ancien boulot.
On appelle cela un combo gagnant.

C'était pareil pour les jeux. Avec plus de six ans d'existence, beaucoup de bons titres étaient bradés et facilement trouvables dans les magasins d'occasions.
Mais quels jeux choisir pour découvrir la PS3 ? Le choix était aussi vaste que la bibliothèque d'Alexandrie.
Étant donné que je voulais absolument récupérer rapidement un maximum de trophées PSN, mon choix s'est porté sur des titres qui m'ont marqué sur la Xbox 360. Ça tombait bien, c'était une occasion en or de rejouer à de super jeux sans avoir cette impression malsaine de perdre mon temps.

Parmi ces premiers jeux se trouvait *Fallout: New Vegas*. Il s'agit d'un action-RPG se déroulant dans un univers post-apocalyptique. Je me souviens surtout que mon frère jumeau n'arrêtait pas de me pousser à découvrir le 3 tellement il était classe à ses yeux.

Chose que j'ai faite sur la 360. Et je compris pourquoi Johan avait tant insisté, ce jeu était une tuerie. Une petite préférence tout de même pour le *New Vegas* avec son ambiance Las Vegas rétro.

C'est pour cela que j'ai choisi ce dernier, même si par la suite j'ai enchaîné avec le 3.

Parmi les autres hits à redécouvrir sur PS3 se trouvaient :

– *Bioshock*, FPS se déroulant dans une ville sous-marine, une véritable claque ;

– *Guitar Hero* et *Rock Band*, toujours aussi métalleux dans l'âme ;

– *Dead Space*, survival horror se déroulant dans l'espace.

C'était bien beau tout ça, mais je n'allais pas passer tout mon temps libre sur des jeux déjà découverts auparavant. Autant profiter des exclusivités de la machine, ce serait une nouvelle fois dommage de passer à côté de belles pépites.

Allez, mon petit Astérion, va découvrir *Uncharted* !

Bof, ça ne me tentait pas.

Un petit *Ratchet* ?

Non merci, les jeux de plateforme n'étaient pas ma priorité à ce moment-là.

Et *Gran Turismo* ?

J'ai lâché la série depuis le 3 sur PS2, j'étais gavé des jeux de courses réalistes.

Finalement, mon dévolu s'est jeté sur *God of War Collection*. Posséder une PS3, c'était aussi l'occasion de redécouvrir des hits de la PS2 en version HD. Autant profiter de cette occasion pour rattraper le retard, déjà qu'il était bien haut avec cette PS3.

Que dire de *God of War* maintenant ? Eh bien, c'est un jeu de gros bourrin. Un beat'em up où le héros principal, Kratos, défonce absolument tout sur son passage. C'est le genre de jeu où on pose son cerveau sur le côté et où on martèle les boutons sans vraiment réfléchir. Mais s'arrêter uniquement sur ça serait un mini gâchis tant l'œuvre est profonde. Son côté mythologie grecque a été un atout majeur sur ma perception.

Pour conclure, cette PS3 a été une très bonne console. Même si je n'ai joué qu'à très peu d'exclusivités, je n'ai pas de regrets pour avoir rejoué aux hits de cette génération de console.

Une génération très riche en qualité et en choix.

Malheureusement, mon expérience sur la console a été écourtée. Voilà qu'arrivait sa remplaçante seulement un an après. Mouais, je l'ai vraiment prise à la bourre cette PS3. Tant pis ! J'espérais des versions améliorées de jeux PS3 afin de rattraper ce fameux retard.

NINTENDO 3DS

On peut dire que 2012 a été une année riche en nouvelles consoles de mon côté. Après la PS Vita et la PS3, voilà que durant cette même année, je fis l'acquisition de la Nintendo 3DS.

Avec un nom pareil, il s'agissait d'une Nintendo DS améliorée avec fonctionnalité 3D sans avoir besoin de porter une paire de lunettes spéciales. Mais c'est génial ça, on va pouvoir s'en prendre plein la vue dans n'importe quel endroit.

Attendez, ne vous précipitez pas ! On parle de Nintendo, une compagnie qui a stoppé la course à la technologie de pointe depuis le débarquement de la Wii. Il ne faut pas s'attendre à des miracles côté graphismes et qualité d'écran.

L'annonce de cette nouvelle console portable m'avait laissé de marbre. Je n'étais vraiment pas convaincu par cette dernière, surtout qu'elle coûtait au début 250 euros, trop cher pour ce qu'elle proposait de nouveau par rapport à la DS. Finalement, en tant que joueur et collectionneur, j'ai décidé de l'acheter en décembre 2012 avec l'édition collector XL Pikachu, belle petite bête.

Et c'est à partir de maintenant que vous allez rire, en plus d'avoir tout de suite désactivé la fonctionnalité 3D (bonjour le mal de crâne avec ça), je n'avais acheté AUCUN jeu ce jour-là. Je n'allais tout de même pas me forcer à dépenser 40 balles dans un titre non voulu.

Pas de 3D, pas de jeux, pas de sensation d'évolution graphique et ergonomique, tout ceci représentait une mascarade décevante.

Pour vous dire, j'ai passé la grande majorité de mon temps sur 3DS sur des jeux DS. Merci la rétrocompatibilité de la console.

Arrêtons d'être mauvaises langues à ce point-là, il doit bien exister des jeux Nintendo 3DS qui m'ont charmé.

« Concentration maximale... »

Heu, je ne pense pas.

Luigi Mansion 2 : décevant, même pas terminé.

WarioWare Gold : à peine touché.

The Legend of Zelda: A Link Between Worlds : mauvais remake de la version SNES.

Aucun *Pokémon*.

Aucun *Fire Emblem*.

Je sais, j'ai certainement dû louper de petites pépites, mais quand on considère une console comme un produit bas de gamme, ça ne motive pas à les découvrir.

Ah si, il y en a tout de même un sur lequel j'ai passé du temps, *Super Smash Bros. 3DS*. Pouvoir jouer à ce jeu de combat partout où on le souhaite était un atout majeur. S'entraîner dans les transports en commun en direction d'un prochain tournoi, ça avait son petit charme.

Ce fut tristement bref avec la sortie de sa version Wii U seulement deux mois plus tard. Après ça, mon jeu restera définitivement au placard, il n'y avait presque plus aucun intérêt à y rejouer. Il a été ma dernière expérience sur la Nintendo 3DS qui fut un petit flop à mes yeux.

Wii U

Il existe une chose que l'on ne pourra jamais enlever chez Nintendo : son envie d'innover. Pour le meilleur et pour le pire.

Même si je n'ai pas été fan, on peut considérer la Wii comme une innovation, et de même pour la DS avec sa fonctionnalité stylet. Sans oublier toutes leurs licences qui ont révolutionné les jeux vidéo.

Il y a eu également des couacs, à commencer par le Virtual Boy, un casque à réalité virtuelle aux graphismes rouge pétant provoquant des migraines en cinq minutes chrono. Aussi, je me sens obligé de rappeler l'existence de cette affreuse manette Nintendo 64 avec son joystick pourri.

Et la Wii U ? Où doit-on placer cette console sortie fin 2012 ?

Déjà, rien qu'à l'annonce de son nom, Nintendo n'avait pas fait l'unanimité. Je me souviens avoir vu des memes dès le lendemain de l'annonce. C'était mal parti.

Mais le pire restait à venir. Avec un nom pareil, bonjour le nombre de clients qui allaient tout confondre. Déjà que les Nintendo DS et 3DS n'étaient pas gâtées avec leurs quantités de variantes.

Quand on est un joueur vétéran, c'est bon, on fait la différence. Quand il s'agit d'un joueur lambda sans expérience, ce n'est pas la même chose. .

Dédicace à mon frère jumeau qui était vendeur à ce moment-là.

Pourtant, cette nouvelle console possédait une fonctionnalité jamais vue auparavant : un écran directement intégré dans la manette. C'est une console portable alors ? Non non, mon petit monsieur, c'est bel et bien une console de salon.

Mon Dieu, Nintendo ! À croire que vous voulez que les PNJ s'emmêlent facilement les pinceaux.

Est-ce une bonne innovation ? Sur le papier, oui, car jouer à un jeu de console de salon directement sur sa manette, c'est cool. Le hic est qu'il faut rester à côté de la console. L'intérêt est de ce fait un peu limité.

Après tout, si vous trouvez cette gigantesque manette un peu trop grosse, rien ne vous empêche de jouer aux jeux Wii U avec des wiimotes.

Pardon ?

Déjà que je n'étais pas fan de la Wii, alors retourner sur une nouvelle console Nintendo avec cette maniabilité me laissait de marbre. C'était limite un non.

Oui, mais cette grosse manette avec écran faisait pencher la balance du bon côté.

Un beau jour de novembre 2014, pendant une petite excursion au Carrefour près de chez moi, je tombe nez à nez avec une promotion sur les consoles Wii U : 200 euros le pack *Lego City Undercover* ! Quelques instants plus tard, la console se trouvait dans le coffre de ma bagnole.

N'étant pas fan des jeux Lego (je n'avais fait que le *Lego Batman* sur Xbox 360), j'avais laissé l'opus *Undercover* sous son blister. Ce qui signifiait que je devais choisir un premier jeu pour inaugurer cette console.

Mais lequel choisir ?

Quelle surprise ! Encore une fois, mon choix s'était porté sur un jeu FPS survival horror : *ZombiU.*

Grâce aux nouvelles fonctionnalités proposées par la console, cette exclusivité – temporaire ! – apportait une touche de fraîcheur puisqu'en effet, le fait de devoir regarder l'écran de sa manette pour vérifier son inventaire provoquait une nouvelle forme de stress. On n'était jamais tranquille dans ce jeu. Ça grouillait de zombies dans tous les quartiers, et c'est là que vous n'aviez plus de munitions dans vos chargeurs, la partie était mal barrée pour vous. C'est ça qui est bon.

J'étais ressorti satisfait de ce premier jeu Wii U, une bonne exploitation du gamepad, j'avais hâte de tester les prochains jeux.

Comme sur toute console Nintendo qui se respecte depuis la Nintendo 64, voilà que débarque *Super Smash Bros. for Wii U.*

La recette était toujours la même, mais elle était de meilleure qualité par rapport à la version Wii que j'avais volontairement zappée, la version GameCube étant supérieure à mes yeux. Cette fois-ci, l'adrénaline était de retour. Je ressentais un super feeling en contrôlant mon personnage préféré de toujours : Luigi.

Malheureusement, sans la présence quotidienne du frère jumeau, le temps passé sur cette version Wii U était nettement inférieur au *Melee*. Jouer à *Smash Bros.* tout seul, c'est cool, mais pas aussi jouissif que le multi.

Grâce à cette console, une autre série Nintendo fit son retour dans ma vie : *Mario Kart*.

J'avais lâché ce jeu de course suite à mon temps passé sur *F-Zero GX*. À force d'avoir joué à ce dernier, tous les autres jeux de course étaient devenus lents et fades. Ce ressenti avait débuté avec le *Double Dash* sur GameCube puis fut confirmé avec la version Wii.

Sauf que cet opus Wii U possédait un tout nouveau truc.

Une fonctionnalité originale avec le gamepad ?

Que nenni ! C'était l'apparition du mode 200cc.

ENFIN de la vitesse digne de ce nom ! J'en avais marre de me trimballer à deux à l'heure sur cette série qui avait bercé mon enfance.

Il suffit d'un peu de vitesse pour donner un coup de fouet à un jeu de course, ce n'est pourtant pas compliqué de l'appliquer. Ah, mais oui, c'est vrai, il faut penser au joueur lambda n'ayant pas l'habitude de conduire des bolides surpuissants. Au moins, Nintendo a pensé aux vétérans en manque de sensations fortes avec le 200cc.

Ce qui est fort dommage, c'est que peu de jeux exploitent convenablement les fonctionnalités de la Wii U. Un gâchis qui a causé du tort à Nintendo. Et puis de toute façon, le temps libre n'allait pas être présent de mon côté puisque seulement un mois après mon acquisition de la console, une autre allait rejoindre ma collection.

Si aujourd'hui, je décidais par le plus grand des hasards de rebrancher ma Wii U, ce serait pour tester *Star Fox Zero*, l'un des très rares jeux Nintendo non ressortis sur la console suivante.

Xbox One

Après une Xbox 360 plus que convaincante, l'avenir serait beau pour les développeurs de chez Microsoft.

Quelles idées avaient-ils en tête ?

Quelles surprises allions-nous découvrir ?

J'avais hâte de connaître les réponses à ces questions.

C'est alors que les premières conférences débarquèrent avec leurs lots d'annonces et... c'est quoi ce bordel !? Xbox One ? Ils ne savent pas compter chez Microsoft ?

La Kinect obligatoirement fournie avec la console, pour un prix total de 500 euros ? Mais je n'avais pas envie de me trimballer un énième accessoire inutile.

Ça avait complètement refroidi mon envie. Autant rester sur la Xbox 360 à ce compte-là et ainsi, découvrir encore plus de pépites.

Sauf que l'envie frappa à ma porte avec deux exclusivités à fort potentiel. C'est ainsi qu'en décembre 2014, je fis l'acquisition de ma première Xbox One. C'était un pack *Sunset Overdrive* ne possédant pas cette satanée Kinect.

De plus, la console avait entre-temps baissé de prix : 400 euros avec en bonus deux jeux neufs dans le cadre d'une promotion Micromania. Vous allez rire, mais cette Xbox a été récupérée au magasin Micromania de Saint-Priest. Ah là là, j'en aurai acheté des choses là-bas !

Cette fois-ci, j'avais vu les choses en grand. En plus du jeu fourni avec la console et les deux jeux dans le cadre de la promotion, cinq jeux supplémentaires ont été achetés, pour un total de huit jeux. J'avais de quoi faire pour commencer cette nouvelle aventure.

Parmi ces titres se trouvait *Dead Rising 3*, le nouvel opus de l'une de mes franchises préférées de la génération précédente. Grâce à la puissance de la Xbox One, la quantité de zombies était insane, un vrai défouloir.

Néanmoins, je souhaite qu'on se focalise plus sur le jeu suivant : *Killer Instinct*.

Si vous vous souvenez bien, la version Super Nintendo reste le meilleur jeu de la console dans mon cœur. Revoir cette licence après des années remplissait mon cœur de joie.

Concernant les personnages, sachant que Riptor le vélociraptor n'était pas encore sorti et que TJ Combo était complexe à manipuler, mon choix s'était porté sur Thunder, l'indien.

Vous n'imaginez même pas la vigueur des coups portés à l'adversaire, aussi puissants que la bande-son, une prouesse artistique de la part de Mick Gordon, compositeur de la bande-son de *Doom*. Ça faisait si longtemps que je n'avais pas pris mon pied sur un jeu de combat.

Assez déçu que le jeu n'ait pas autant cartonné qu'un *Mortal Kombat* ou *Street Fighter*. Mais bon, exclu Microsoft oblige, ce jeu n'était pas disponible sur PlayStation.

Tant qu'on y est, on va rester du côté des licences qui ont marqué ma vie et je vais encore vous saouler avec *Resident Evil*. Que voulez-vous ? Quand on aime autant une série, on ne compte pas les heures passées dessus, ni l'attente insurmontable d'un nouvel opus.

D'autant plus que cette fois-ci, il ne s'agissait pas de n'importe quel nouveau *Resident Evil*. C'était un remake du 2 sorti sur PS1, mon préféré. Waouh, complètement fou ça !

La découverte de ce dernier s'est faite à la Paris Games Week 2018 au stand Capcom. On avait le droit à quinze minutes de jeu pour découvrir le début et nom de Dieu, ce commissariat remis au goût du jour, quelle beauté !

De base, je suis quelqu'un qui ne consomme pas de DLC, mais je ne pouvais pas passer à côté de celui permettant de mettre la bande-son de la version PS1. Ajouté à la maniabilité et les nouveaux graphismes, cela donnait un combo frissonnant à souhait.

Attendez, ce n'est pas fini, cette Xbox One a pu accueillir le retour de ma série Sega Mega Drive préférée. Si je vous dis un beat'em up aux musiques exceptionnelles dont le but est de fracasser tous les punks se trouvant sur votre passage, vous pensez à quel jeu ? Oui oui, c'est *Streets of Rage*.

Prenez garde, voici un gros poisson ayant hiberné vingt-six ans. Tellement d'années sans nouvelles, je ne pensais pas le revoir un jour.

Premier point très convaincant, les compositeurs de l'époque étaient de retour, ce qui signifiait une bande-son à l'ancienne. Autre bonne nouvelle, c'étaient des fans de la première heure qui avaient repris le flambeau. Des joueurs de l'époque devenus développeurs sachant ce que recherchaient les fans de la licence. On avait eu le droit à un magnifique retour aux sources avec *Sonic Mania*.

Résultat des courses, *Streets of Rage 4* est devenu mon jeu Xbox One préféré. J'étais tellement content d'avoir pu revoir cette licence phare et exceptionnelle de chez Sega

Bon, il faudrait peut-être arrêter de mettre en avant des séries populaires existant depuis Mathusalem. Un peu de sang neuf quoi.

Et si je vous parlais d'un nouveau jeu indé au chara-design risqué ? En effet, dans la tête du grand public, pour qu'un jeu soit beau, il faut qu'il soit obligatoirement à la pointe de la technologie. Je ne suis pas du tout d'accord avec ce point, un jeu est également beau quand il a du charme.

C'est le cas de *Cuphead*, un run and gun aux graphismes nous rappelant les cartoons des années 30. Ayant grandi avec les Looney Tunes, il n'y avait pas besoin d'en faire davantage pour me faire tomber sous le charme. En plus de son gameplay se rapprochant de *Super Probotector*, un jeu SNES excellentissime, *Cuphead* possédait toutes les clés pour me faire passer un agréable moment.

La vache, quelle difficulté ! Et quel plaisir de battre chaque boss de ce jeu après des dizaines de Game Over ! C'est ça qui fait la beauté d'un jeu.

Avec tous ces excellents titres, on pourrait penser que le temps passé sur la Xbox One était similaire à celui de la Xbox 360. Finalement non, car entre-temps, j'avais arrêté la chasse aux succès. Par conséquent, j'étais moins motivé à découvrir des jeux inconnus au bataillon.

Cependant, mon expérience fut de meilleure qualité, car je ne me forçais pas à terminer des jeux pourris dans le simple but de débloquer des succès.

En parlant de ça, si je devais choisir ma pire expérience de la console, ce serait *PUBG*, un battle royale. Au moment de sa sortie sur console, il n'était pas du tout optimisé. C'était inondé de bugs en tout genre en plus d'être moche comme un balai à chiotte.

C'était dommage, car le système battle royale me plaisait énormément. Pouvoir affronter quatre-vingt-dix-neuf autres joueurs sur une même map dont la zone de combat se rétrécit au fil de la partie, c'était quelque chose. Fort heureusement pour moi, une autre licence allait récupérer le flambeau.

PLAYSTATION 4

Un gros morceau digne d'un nouvel album de Metallica que je n'ai, mais alors, pas du tout vu venir.

Évidemment que j'étais au courant de la future sortie de la nouvelle console de Sony. Mais jamais je n'aurais pensé un tel engouement digne d'un remake de *L'Armée des Morts*.

Je n'ai pas été totalement convaincu par son annonce officielle. Certes, la machine était très convaincante en plus d'être vendue au prix de départ de 400 euros, un prix très chouette pour une nouvelle console. Sauf qu'aucun jeu du line up de départ ne m'intéressait. Autant attendre un petit peu avant de récupérer la machine.

Et j'avais mieux fait au vu du foutoir qu'avait provoqué la sortie de la console.

Vous vous souvenez du capharnaüm provoqué par la PS2 ? Eh bien, ce fut la même chose pour la PS4 partout en Europe. Des bousculades ! Des engueulades ! C'était la guerre pour récupérer la nouvelle PlayStation.

Sauf que contrairement en 2000 avec la PS2, nous étions en 2013. Entre-temps, Internet avait eu largement le temps de se démocratiser. Ce qui signifiait la possibilité aux acheteurs de revendre leurs consoles deux fois plus cher.

Du coup, parmi les guerriers de la consommation, impossible de savoir s'ils couraient pour tester la console ou pour revendre directement sur Internet.

Après tout, je m'en fichais de ça, je n'étais déjà pas intéressé à acheter la console le jour de sa sortie, encore moins à un revendeur souhaitant se faire un bifton.

Le pas a été finalement franchi en août 2015 avec l'acquisition de ma première PS4. Il était temps, sachant que je possédais déjà des jeux de cette console dans ma collection.

Après avoir cherché comme un mini teubé le bouton Power de la console, j'ai été direct convaincu par son interface . C'était simple, futuriste, et chaleureux avec cette douce petite musique d'ambiance.

Tout comme mon époque PS3, étant donné que la PS4 a été récupérée après la Xbox One, je m'étais remis à terminer des jeux découverts sur la console concurrente.

Évitons de rabâcher les mêmes expériences et les mêmes séries ! Un peu de nouveauté, voyons.

Avec une mentalité de chasseur de trophées et de succès, il était intolérable dans mon esprit de passer plus de cinquante heures sur un même jeu. Il fallait que j'en découvre un maximum, surtout que la lassitude pouvait très vite s'installer après la quête principale d'un jeu achevé.

La seule chose qui pouvait provoquer une exception à la règle serait un tout nouveau concept, un style me rendant tellement accro que j'en oublierais tout le reste.

Cela arriva fin 2017 avec un jeu qui allait tout balayer sur son passage. J'ai nommé : *Fortnite*.

Après une découverte amère de *PUBG* sur Xbox One, je recevais une quantité hallucinante de messages me conseillant un autre battle royale de meilleure qualité disponible gratuitement sur PS4. Qu'est-ce que j'avais à perdre ? Autant le tester afin d'en avoir le cœur net.

Dès la première partie, le plaisir était au rendez-vous avec ce nouveau TPS en plus d'avoir été charmé par le chara-design cartoonesque. Enfin je pouvais prendre mon pied dans un battle royale non bugué !

Après des années sans plaisir intense, je ne pensais pas retrouver cette sensation un jour. Et pourtant, *Fortnite* a apporté ce vent de fraîcheur que je recherchais depuis tant d'années.

Vous connaissez l'expression « bon allez, une dernière et j'arrête » ? On dit souvent ça quand on n'arrive pas à décrocher d'un jeu. Sauf que dans le cas de *Fortnite*, je voulais toujours en faire une dernière, c'était sans fin. Tant que je n'obtenais pas mon premier Top 1, je ne voudrais jamais m'arrêter.

Comment se faisait-il que j'accroche autant à ce jeu sachant qu'il n'était pas le seul battle royale en plus de ne pas être le premier ? *PUBG* avait eu le temps d'être patché, *Apex* était arrivé, idem pour *Call of Duty* avec son mode warzone.

C'était pour la beauté des skins. Ils étaient loufoques et charmants. Oh le doux popotin de Ravage (oups, c'est un peu cringe dit comme ça). Il n'y a pas que ça évidemment, les différents skins étaient très diversifiés et remplis de couleurs.

Aujourd'hui, je ne compte même plus le nombre de parties faites sur ce jeu. Le nombre d'heures ? Ça doit se chiffrer par milliers.

Être resté autant de temps sur un jeu n'est pas sans conséquences. Se focaliser sur un titre, c'est moins de temps pour le reste, ce qui veut dire moins de découvertes. Voilà pourquoi entre fin 2017 et fin 2019, je n'ai découvert que très peu de jeux. Mais je ne regrette pas mes milliers d'heures passées sur *Fortnite*.

Après cette découverte d'une richesse extraordinaire, il était temps de rattraper le retard en découvrant plein de nouveaux jeux. Malheureusement, la flamme *Fortnite* avait eu raison de moi, je trouvais les autres jeux fades, pas aussi poignants. Ça manquait de saveur.

C'en était fini des moments endiablés et chronophages sur un jeu vidéo. Jusqu'au jour où je découvris un petit jeu indé sorti de nulle part recommandé par le frère jumeau.

Slay the Spire est un petit jeu de cartes où au fur et à mesure des niveaux, on constitue son deck à partir de nouvelles cartes remportées à chaque combat gagné.

Les graphismes sont simples, une prise en main simple et intuitive, mais le gameplay ? Oh là là, quelle efficacité !

En étant un rogue-lite, les parties ne seront jamais les mêmes. Le plaisir de découverte reste limite intact à chaque nouvelle partie. On se demande si on va réussir à battre le boss final avec les cartes récupérées durant le jeu.

Ce jeu a confirmé ma vision des jeux vidéo. L'important n'est pas de proposer des graphismes 4K ou une histoire à un million de mots, le simple fait de proposer un gameplay novateur suffit amplement pour trouver du plaisir, en plus de musiques entraînantes.

Ce fut une nouvelle fois un sans-faute pour Sony avec sa PS4. Très bonne console de salon malgré un pavé tactile inutile situé au milieu de la manette.

Un peu dommage que la console ne soit pas rétrocompatible avec les jeux PS3, cela aurait donné un résultat plus que satisfaisant. Après tout, ce n'est pas grave pour ce point-là, beaucoup de ces hits sont ressortis en version améliorée sur PS4, pour le plus grand bonheur de ma nostalgie : *Bioshock*, *Dead Rising*, *The Evil Within*, *Metro Redux* et tant d'autres.

Ce sera toujours un pur régal de déguster les jeux ayant rempli de joie mon cœur de gamer.

NINTENDO SWITCH

Par quoi commencer avec la dernière console de Nintendo au moment où j'écris ces lignes ? Son concept ? Évidemment que nous allons discuter de cela.

La toute première console hybride, mi-salon, mi-portable. Attention, pas un truc foireux à la Wii U. Il est possible de jouer sur grand écran ou dans les transports en commun. C'était du jamais vu dans le monde des jeux vidéo.

Et pourtant, cette révolution vidéoludique ne m'avait pas emballé au moment de l'annonce officielle. Il faut dire qu'après vingt-cinq ans de passion, j'avais cette impression d'avoir tout vu, tout découvert. Certes, si ce procédé était sorti à l'époque de la Nintendo 64 ou de la GameCube, j'aurais été excité comme une puce.

Encore une console que je n'avais pas récupérée *day one*. Mon esprit était à ce moment-là trop focalisé sur la PS4, et depuis la Wii, les licences Nintendo ne me faisaient plus rêver.

Néanmoins, un nouvel élément allait faire pencher la balance en faveur de la Switch, une raison d'achat jamais vue auparavant : mon activité professionnelle.

Étant youtubeur à plein temps et dans le cadre de la collection, il était dans mon devoir de me mettre à jour sur les nouveautés. Bien sûr, je n'allais pas acheter tous les nouveaux Triple-A. Je n'avais ni le temps ni le budget. Mais, au moins, récupérer les nouvelles consoles, sachant qu'il en sort des nouvelles tous les six ou sept ans. Mais là aussi, il ne fallait pas que je tombe dans la compulsion. Il était totalement inutile de se procurer une machine dont on a zéro envie, ça pouvait se ressentir dans la vidéo unboxing.

Justement, en novembre 2017, cette fameuse envie est apparue sans crier gare un soir au lit. Le lendemain, j'achetais la Nintendo Switch au Dock Games de Lyon Part-Dieu. Pourquoi ce choix de magasin ? Je n'en sais point. Peut-être l'envie, ha ha.

Avec cette console ont été achetés deux jeux.

Super Mario Odyssey, le nouveau *platformer* de la série culte de Nintendo. Un jeu très chouette, mais pas au niveau d'un Super Mario 64, aussitôt terminé, aussitôt mis au placard.

The Binding of Isaac, un rogue-lite possédant un style machiavélique et glauque. Ce zelda-like à l'ancienne était d'une efficacité poignante. Une très belle découverte m'ayant ouvert la porte au genre rogue-lite.

Ce qui est cool avec cette console, c'est qu'elle possède un journal de bord, une fonctionnalité que j'avais découvert sur la Wii U. Grâce à ça, on peut savoir combien de temps on a passé sur chaque jeu.

De mon côté, on retrouve des jeux poncés sur Xbox One et PS4, à savoir *Fortnite*, *Streets of Rage 4* et *Slay the Spire*. Pourquoi y rejouer sur une console moins puissante ? Mis à part *Fortnite*, c'était pour les terminer partout où je voulais avec son côté console portable. Voilà pourquoi je considère plus la Switch comme une console portable. Et c'est pour ça aussi que je m'étais procuré une version Lite de la console, un modèle plus confortable à mon goût.

Mais je vous rassure, j'ai profité de sa possession pour découvrir des exclusivités. Enfin, exclusivité est un grand mot pour désigner des jeux Nintendo sortis sur la Wii U. Il faut les comprendre aussi, quand ta console bide et que la suivante cartonne, mieux vaut faire des portages de bons jeux qui n'ont pas pu connaître un succès à cause des mauvaises ventes de sa console.

Parmi ces jeux se trouve *Mario Kart 8 Deluxe*, découvert sur la console précédente. C'était un plaisir de redémarrer les moteurs en 200cc. Sachant que j'allais en plus exploiter une fonctionnalité très cool : le mode en ligne à douze.

Cela faisait quelques mois que je streamais sur Twitch. Le mode en ligne de *Mario Kart 8* était une aubaine pour affronter mes abonnés.

Il n'y a pas que ce jeu qui m'ait permis de jouer avec mon public, il y a aussi *Super Smash Bros. Ultimate*. Depuis le début en 1999, jamais je n'avais eu l'occasion d'affronter des adversaires en ligne. Il est vrai que le mode online avait débarqué dès la version Wii, mais *Super Smash Brawl* m'avait tellement déçu. Quant au *Smash Wii U*, difficile de passer du temps sur le online Nintendo quand on a goûté à la qualité du online de Microsoft.

À votre avis, au vu de mon ancienneté sur la série, suis-je assez fort pour battre la majorité des abonnés ? La réponse est... non (et de loin). Ce n'est pas en jouant tous les 36 du mois que l'on deviendra une bête sur un jeu. Tiens, comme c'est bizarre, je n'ai pas dit la même chose à l'époque du *Melee* avec les tournois ?

Dans ce livre, je ne vous ai parlé que de consoles ayant tiré leur révérence dans les magasins. La Nintendo Switch est la première console qui est toujours disponible. Ce qui signifie qu'elle a encore de beaux jours devant elle.

Bientôt six ans de bons et loyaux services. Sera-t-elle prochainement remplacée sachant que la durée de vie moyenne d'une console est de sept ans ?

Pas pour tout de suite à mon humble avis. Elle continue à cartonner partout dans le monde. Nintendo n'a aucun intérêt à la remplacer pour le moment.

Jusqu'à aujourd'hui, je n'ai pu jouer qu'à peu de jeux sur cette console. Le fait de voir des licences marchant du tonnerre sortant ultra buguées me refroidit. Les derniers *Pokémon* en sont les parfaits exemples.

Ne jetons pas la pierre sur Nintendo et Game Freak, ils ont compris qu'avec un nom aussi célèbre et une absence de jugement chez les joueurs, il est tout à fait possible de vendre à des millions exemplaires un jeu hyper moche et bugué.

Et vous savez quel est le pire dans tout ça ? C'est de se faire insulter par les fanatiques parce que vous avez osé donner un avis n'allant pas dans leur sens. Les réseaux sociaux ont enlevé à beaucoup de joueurs la capacité de juger et de pointer du doigt les défauts d'un jeu. Ce qui va par conséquent faire décroître la qualité générale d'une licence.

Avoir Pokémon en guise de totem d'immunité, Nintendo ne pouvait pas rêver mieux. Ce ne sera pas demain la veille que l'on verra un *Zelda* aux graphismes d'un *God of War*.

Xbox Series

Le jeu vidéo est devenu tellement populaire qu'Internet entier attendait avec grande impatience les premières annonces de la future console de chez Microsoft.

J'avais préféré prendre un maximum de recul suite au petit fiasco de l'annonce de la Xbox One à l'époque. J'espérais juste qu'ils ne refassent pas les mêmes erreurs en annonçant des fonctionnalités et accessoires inutiles.

Finalement, plus de peur que de mal. Pas de prises de risques farfelues, mais très peu de hype en retour.

Déjà, son design : mouais, sans plus. Il ne fallait pas s'attendre à quelque chose de bien fou de ce côté. Après un magnétoscope en guise de Xbox, voilà qu'on se tape une mini tour PC. L'époque des designs loufoques à la GameCube semblait si lointaine.

Concernant les premiers jeux, on en reparlera en détail un peu plus tard.

Le plus frappant a été son nom : la Xbox Series.

Par moment, je me demande si les compagnies de jeux vidéo ne le font pas exprès sur le choix des noms des consoles. Microsoft en a remis une couche avec sa nouvelle machine nommée la Xbox Series avec deux modèles différents : la S et la X... comme la Xbox One.

Mais ce n'est pas possible, ils veulent vraiment embrouiller les consommateurs avec des noms pareils ! Sachant qu'en plus de tout ça, l'interface est strictement la même et cerise sur le gâteau, les boîtes des jeux sont similaires à la précédente Xbox.

C'est ça que je reproche le plus à cette console, c'est qu'elle ne fait pas assez next gen. On a plus l'impression d'acheter un upgrade de la Xbox One plutôt qu'une console de nouvelle génération.

Vous allez me dire, la barre de la technologie vidéoludique est devenue tellement haute qu'il est compliqué pour les développeurs de proposer une évolution significative.

Ne soyons pas mauvaises langues tout de même, de l'amélioration, il y en a bien eu. La plus frappante selon moi est l'absence de temps de chargement. Avec l'intégration d'un SSD à la place d'un disque dur, c'est fini les moments où on poirote devant des écrans de chargement sans fin.

Ça me rappelle les consoles à cartouches des années 90 où l'on était projeté direct dans le feu de l'action dix secondes après l'allumage de la console.

Cela montre que l'évolution du jeu vidéo, ce n'est pas que dans les graphismes ou les concepts, c'est aussi une question d'ergonomie.

Passons aux jeux maintenant. Qui dit nouvelle console dit nouveaux jeux. Vous allez rire, mais je n'ai à ce jour acheté aucun jeu estampillé Xbox Series.

Pourquoi ?

D'une, comme cité précédemment, les boîtes des jeux Xbox Series ressemblaient trop aux jeux Xbox One. À mes yeux de collectionneur, j'ai préféré récupérer ces mêmes jeux sur une autre console.

De deux, je possédais beaucoup de jeux Xbox One auxquels je n'avais pas joué. Grâce à sa rétrocompatibilité et sa vitesse d'exécution, un bon paquet de jeux One allaient être installés dans la machine.

De trois, les nouvelles exclusivités étaient disponibles dès leur sortie sur le Game Pass.

Parlons-en de ce Game Pass, cette brillante idée de la part de Microsoft ! Via un abonnement mensuel très accessible, chaque joueur a accès à un catalogue de jeux contenant tous les styles.

Un système permettant à un grand nombre de découvrir un tas de pépites cachées auxquelles on n'aurait jamais pensé jouer un jour. Et si un jeu en particulier nous plaît, rien ne nous empêche de l'acheter dans sa version boîte le jour où il disparaîtra du service.

Personnellement, j'ai découvert des jeux très chouettes grâce à cette fonctionnalité :

– *Two Point Hospital*, un jeu de gestion rendant hommage à *Theme Hospital* que j'avais bien poncé à l'époque sur PS1 ;

– *Humankind*, un jeu de gestion similaire à *Civilization* ;

– *Prodeus*, FPS à l'ancienne.

Ça m'a également permis de redécouvrir des hits testés auparavant comme *Fallout* ou *Age of Empires*. Mais surtout, ce Game Pass nous donne accès aux dernières nouveautés triple A sans devoir débourser 80 euros en magasin. Heureusement, car bonjour la déception avec la découverte de *The Medium !*

Après tout, si le marché matériel se met à disparaître complètement, je privilégierai le Game Pass plutôt que des achats dématérialisés dans tous les sens. Sauf si ce dernier disparaît par la suite, car moins intéressant que de vendre des jeux séparément. Nous ne sommes à l'abri de rien.

Aujourd'hui, je considère la Xbox Series comme une bonne console pas chère au vu de ses capacités technologiques. Et même si je n'ai joué qu'à peu de jeux, contrairement aux précédentes Xbox, je ne regrette pas de l'avoir récupérée le jour de sa sortie.

Depuis que je passe beaucoup de temps sur les réseaux sociaux par rapport à mon activité, rien ne m'empêchera par la suite de consacrer plus de temps à cette console tout en découvrant les hits de la Xbox One, voire de la Xbox 360 compatibles auxquels je n'ai pas encore joué à ce jour.

En contrepartie, je n'ai plus aucun intérêt à rebrancher ma Xbox One, car tout ce qu'elle propose est mis à disposition par la Xbox Series, en plus qu'elle soit plus rapide et plus puissante.

Ça ne fait que depuis un peu plus de deux ans que cette console est sortie, j'ai comme l'impression qu'elle est bien partie pour rester chaleureusement dans nos foyers jusqu'en 2030. D'autant plus que c'est toujours compliqué de se la procurer. Jamais je n'aurais pensé voir ça un jour, surtout pour une console Microsoft.

Et pourtant, une autre console sera plus compliquée à acheter.

PlayStation 5

Il est temps de vous parler de ma dernière console de jeux vidéo achetée à ce jour : la PS5. Son annonce officielle était d'une prouesse magistrale. L'équipe marketing avait tellement bien géré son coup que tout le monde voulait se la procurer. Je n'avais jamais vu ça de ma vie.

Au vu de l'énorme hype autour de cette nouvelle console, j'ai préféré prendre mes précautions, d'autant plus qu'il était primordial pour moi de récupérer cette console le jour de sa sortie par rapport à mon activité sur YouTube et Twitch.

Le lendemain de l'annonce de l'ouverture des précommandes, j'étais parti direct au Micromania près de chez moi pour la précommander. J'ai aussi préféré payer l'intégralité de la console en avance afin d'avoir toutes les chances de mon côté. De toute façon, que l'on paye maintenant ou après, il faudra bien payer les 500 euros de la PS5.

Jamais vu un aussi gros bordel le jour de sa sortie sur Internet. Tous les sites marchands étaient saturés. De plus, elle n'était même pas proposée en rayon de magasin tellement elle avait été précommandée. Heureusement d'ailleurs, je n'imaginais pas le foutoir que ça allait être durant son premier jour de commercialisation.

Quand on voyait qu'elle pouvait se revendre deux à trois fois son prix de base, ça attirait beaucoup de monde.

Étrange sensation de mon côté. J'ai comme cette impression d'avoir acheté la PS5 non pas pour y jouer, mais pour en faire des vidéos YouTube. J'étais plus excité à en faire une présentation vidéo plutôt que d'y découvrir les nouvelles exclusivités. Mon âme de joueur a été dépassée par mon esprit créatif et de partage.

Bien entendu que j'allais profiter de cette nouvelle console, ne pas profiter des dernières prouesses technologiques serait illogique.

Qu'ai-je acheté comme premier jeu PS5 ?

Mon choix s'est porté sur le remake de *Demon's Souls*. Pour avoir découvert cette série à partir du 2 sur la Xbox One (un peu à la bourre en effet), j'étais très intrigué par ce dernier qui était sorti de base sur la PS3.

Mais attention, on est sur PS5, ce qui signifie de meilleurs graphismes et il n'y a pas à dire, le jeu était de toute beauté. Doté d'une difficulté à la hauteur de la renommée de cette série, chaque boss détruit était une satisfaction émouvante. La sensation ressentie ressemblait à une victoire sur une épreuve olympique alors qu'il ne s'agissait que d'un simple jeu vidéo.

Lorsque l'on a grandi avec les consoles des années 90, on a l'habitude de se taper des défis de fous furieux. Avec le temps, les jeux semblaient de plus en plus faciles, ils devenaient par conséquent légèrement moroses.

Avec la découverte de la série des *Souls*, j'avais retrouvé cette douce et vicieuse sensation de la complication. Sortir de sa zone de confort nous permet de prendre plus de plaisir et de nous surpasser. C'est ce qui donne du piment à nos passions, elle nous permet de mieux les apprécier.

Peut-on dire que c'est surtout grâce à sa complexité que j'ai apprécié grandement ce remake de *Demon's Souls* ? Pas seulement, l'ambiance dark fantasy y a beaucoup contribué.

D'ailleurs, il existe une autre exclusivité PS5 tout aussi difficile, mais à l'ambiance complètement différente : *Returnal*.

Mélanger le système de rogue-lite avec le style TPS était une grosse prise de risque de la part des développeurs. La sauce a été très goûtue de mon côté. J'aime quand ça sort des sentiers battus. Son ambiance lovecraftienne possédait des airs de *Metroid Prime*. Sans oublier sa bande-son de top qualité.

Aujourd'hui encore, je considère *Returnal* comme le meilleur jeu PS5 en raison de sa prise de risque et de son univers charismatique.

Il ne faut pas hésiter à encourager les jeux qui en valent la peine, cela peut permettre à des éditeurs d'arrêter de nous sortir les mêmes sauces devenues indigestes à force de les proposer.

En parlant de ça, je profite de ce livre pour vous parler d'un très chouette survival horror que j'ai pu découvrir sur la PS5.

Les fans de *Silent Hill* sur PS1/PS2 ont bien grandi avec le temps. Lorsque ces mêmes personnes deviennent des développeurs en herbe, cela peut nous donner des résultats très convaincants. Parmi eux se trouve *Tormented Souls*.

Un petit jeu indé sans prétention sorti de nulle part.

Seuls les vieux de la vieille peuvent ressentir le plaisir de ce magnifique jeu. J'avais cette impression de jouer à une suite de *Silent Hill Origins* sur PSP, mais avec des énigmes de barjots.

Tout a été fait pour ressortir mes souvenirs d'antan. Ce jeu est un très bon cru réservé à un public de fans souhaitant retrouver le survival horror à l'ancienne.

Un peu plus de deux ans se sont écoulés depuis la sortie de la PS5 et tout comme la Xbox Series, il est toujours compliqué de se la procurer. Elle est devenue la console la plus convoitée de l'histoire.

D'habitude, une console est en rupture de stock pendant quelques semaines voire quelques mois ou pendant les périodes de fêtes, mais pas pendant plus de deux ans d'affilés ! Et on ne sait pas combien de temps ça va encore durer.

Je croise les doigts pour que ma PS5 ne me lâche pas entre-temps, de futurs blockbusters sont à prévoir.

Parmi eux se trouvent *Resident Evil 4 Remake* et *Silent Hill 2 Remake*, sans oublier que je viens à l'instant d'acheter *Dead Space Remake*.

Que des survival horror.

Que des remakes.

Mes goûts vidéoludiques ne risquent pas de changer avec le temps.

Conclusion

Même si j'ai pu découvrir une quantité hallucinante de consoles et de jeux différents, je n'ai malheureusement pas pu tout découvrir. Beaucoup trop de jeux sont sortis à ce jour. Il est tout simplement impossible de tous les faire. On est obligé de faire des choix, et cela influe sur notre expérience.

C'est pour ça qu'à travers ce livre, vous m'avez souvent vu parler des mêmes séries de jeux. J'en ai tellement découvert que je n'ai plus cette envie d'être déçu et de perdre mon temps devenu de plus en plus précieux.

Je suis d'accord sur le fait qu'avec cette mentalité-là, je risque de passer à côté de magnifiques pépites qui ne demandent qu'à être mises en avant via mes réseaux sociaux. Mais laissons le temps faire son chemin paisiblement. Peut-être que par la suite, je découvrirai une console à laquelle je n'ai pas joué jusque-là ou un style de jeu totalement nouveau pour mon esprit.

Après plus de trente ans passés devant les jeux vidéo, comment est-ce que je perçois l'avenir de ce domaine ? En toute franchise, je suis un peu pessimiste.

D'une part, le mode de consommation vidéoludique devient de plus en plus catastrophique. J'ai beau ressortir maintes et maintes fois les défauts de l'achat dématérialisé sur consoles de salon (moins de promos, impossibilité de revendre ou de prêter, risque de perdre le jeu si bannissement du compte...), je me fais tout le temps insulter par des débiles qui ne voient pas plus loin que le bout de leur nez. De véritables dindons de la farce encouragés par les compagnies bien contentes de leur mentalité.

D'autre part, les éditeurs prennent de moins en moins de risques sur le choix des jeux. C'est-à-dire qu'avec des budgets de développement et marketing de plus en plus hauts, ces mêmes éditeurs ne souhaitent pas se retrouver sur la paille en mettant en place des concepts sortant des sentiers battus.

Par conséquent, on se retrouve à consommer la même soupe durant des années.

Peut-être la scène indé peut-elle nous permettre de découvrir de sacrées masterclass ? Mais avec la nuée de jeux disponibles, difficile de s'y retrouver.

Et puis malheureusement, ces petits développeurs auront toujours du mal à rivaliser avec les grandes compagnies. Ils ont les idées, mais pas les moyens.

Après tout, même si l'avenir n'est pas aussi radieux, j'ai encore tellement de choses à découvrir dans l'univers des jeux vidéo. À commencer par tous les jeux dénichés en soldes ou en vide-grenier que je n'ai toujours pas essayés.

Toutes mes séries de cœur sont revenues à travers des suites ou dans des versions remakes pour mon plus grand bonheur.

Sauf une !

F-Zero ! Est-ce qu'elle reviendra un jour ?
J'ai envie d'y croire jusqu'à la fin de mon existence.

Bon, ça fait déjà dix-neuf ans, l'attente commence à être longue.

Sur ce, je retourne jouer à *Slay the Spire*.

TABLE DES MATIÈRES

Made in the USA
Monee, IL
04 November 2026

67379260R00075